테마로 보는 동서문화풍속

지구촌의 삶과 문화

테마로 보는 동서문화풍속

글쓴이 / 박영수　그린이 / 김천정
펴낸이 / 김학민　펴낸곳 / 학민사
주소 / 121-080 서울시 마포구 대흥동 303번지
전화 / 716-2759(영업부), 702-3317(편집부)　팩스 / 703-1494
등록번호 / 제10-142호　등록일자 / 1978년 3월 22일
1판 1쇄 / 2002년 11월 25일
http://www.hakminsa.co.kr　E-mail / hakminsa@hakminsa.co.kr
ISBN 89-7193-144-2(03380), Printed in Korea

학민사

머리말

　문화 풍속은 역사와 생활 습관이 어울려 낳은 관습으로서 사람들의 정서를 대변하는 문화현상이자 대다수 사람들의 공통분모적 가치관이라는 점에서 주목할 만하다. 그럼에도 불구하고 그간 우리의 역사 풍토는 정치사에 초점이 맞춰져 있었으며, 생활풍속사는 사소하거나 자질구레한 것으로 치부되어 폄하되는 측면이 강했다. 하지만 최근 들어 여러 테마로 조명한 문화풍속사가 연이어 선보이고 있는바, 참으로 반가운 마음 금할 수 없다.

　필자가 테마로 문화 풍속을 연구하기는 어언 20년이 되었고, 몇 권의 졸저를 내었다. 그리고 그 와중에서 여러 매체에 특정 주제를 다룬 테마 문화풍속을 발표하고 연재해 왔다. 이 책은 그러한 저술 활동에서 맺어진 열매로서, 「교보생명」 사외보에 3년에 걸쳐 '재미있는 문화 이야기'라는 시리즈로 연재된 바 있다. 출생에서부터 죽음에 이르기까지 인간의 삶에 연관되어 있는 생활문화를 특정 테마로 들여다본 기획이었는데, 36가지 주제를 매개로 한 동서양 문화풍속과 시대 배경 이야기는 제법 좋은 반응을 얻었다. 이에 용기를 얻어 단행본을 내게 되었다.

　주변을 돌아다보면 문화를 말하는 이는 많되, 진정한 문화인은 많지 않아 보인다. 단적인 예로 일본인들이 우리의 역사 문화를 제대로 모른다는 사실에 어이없어 하면서도 정작 우리도 일본의 역사 문화에 대해 잘 모르고 있는 경우가 그렇다. 심지어 피부색이 다르다는 이유로 흑인을 멸시하고, 아프리카에는 문화가 없다고 말하는 사람도 있는데, 이는 '문화'와 '문명'을 구별하지 못하는 데서 비롯된 비뚤어진 편견이다.

'문화'는 여러 사람들에게서 나타나는 공통적인 생활 습관 그 자체이고, '문명'은 인간이 이룩한 업적이다. 영화를 보고 음악을 즐기는 사람이 문화인이 아니라, 다른 사람의 취향을 존중하고 한 걸음 나아가 다른 나라의 생활문화를 존중해 주는 사람이 문화인인 것이다. 그런 점에서 볼 때 우리의 문화 정서는 폐쇄적인 면이 강하다.

컴퓨터와 비행기는 지구상의 여러 민족을 곁에 있는 듯이 가깝게 만들었다. 이제 우리는 우리의 문화와 더불어 다른 문화도 알아볼 필요가 있다. 다행히 2002년 한·일 월드컵을 통해 문화적 풍토가 많이 너그러워졌으며, 좋은 책도 많이 소개되고 있다. 그런 상황에서 이 책 또한 동서양의 문화 풍속을 알고자 하는 이에게 작은 도움이 되기를 바란다.

끝으로 「교보생명」 사외보 담당자였던 김상철님과 안동현님에게 감사드리며, 또한 졸고를 기꺼이 출간해 주신 학민사에게도 고마운 마음을 전한다.

2002년 가을
박 영 수

차 례

출생

출생(出生)이란 무엇인가? 한자문화권에서는 문자 그대로 '삶을 얻는 것'을 가리키지만, 영어문화권에서는 '어딘가로부터 날라져왔다'는 뜻으로 'Birth'라고 한다. Birth는 '나르다'라는 의미의 고대 영어 Beran에 어원을 두고 있다. 이런 관념은 어린이에 대한 성교육에서도 여실히 나타난다.

호기심에 찬 꼬마로부터 출생에 관한 곤란한 질문을 받을 경우, 우리나라 어른들은 "다리 밑에서 주워왔다" 대답해 준다. 그러면 아이들은 시냇물 건너는 '다리'를 연상하지만 기실 '다리'는 여성의 다리를, '밑'은 성기를 상징하는 말이다. 즉 사실대로 말해주면서도 은유적으로 표현하는 지혜를 보여주는 것이다.

이에 비해 서양에서는 "황새가 물어서 날라다주었다"고 말해 준다. 왜 출생에 '황새'가 등장하는 것일까? 그것은 북유럽의 문화정서와 관계가 있다. 고대 영어 Beran은 스칸디나비아어에서 유래했는데, 북유럽의 전설에 따르면 창조의 바다에서 떠다니는 태아를 황새가 발견하여 구해서 사람에게 전해주었다고 한다. 또한 황새는 봄이 다가옴을 알려주는 길조로서 생명의 소생을 상징하기도 한다. 이런 관념이 '황새가 아기를 날라다 준다'는 출생 설화를 탄생시킨 배경이다.

설화는 대개 높은 가치를 부여받은 경우 만들어지므로, 출생설화는 그만큼 출생의 성스러움을 드러내주는 것이라 볼 수 있다. 그렇다면 왜 출생이 성스러운 것일까? 제 자식 소중하기야 당연한 일인데다 예전에는 영·유아 사망률이 매우 높았던 데 그 이유가 있다. 자식 만들기가 쉽지 않았을 뿐 아니라 어렵게 태어난 아기가 불의의 사고로 목숨을 잃는 경우가 너무나 허다했기 때문이다.

목적에 차이가 있을지언정 자손을 바라는 마음은 고대나 지금이나 변함이 없다. 수렵문화에서는 사냥꾼을, 농경문화에서는 농사 도울 일꾼을 얻기 위해 자식을 원했는가 하면 중국이나 우리나라에서는 제사 지내줄 후손을 얻기 위해 아들을 낳았다. 그런데 아이가 채 자라지도 못하고 변을 당한다면 얼마나 불행한 일인가. 그런 까닭에 어느 문화권을 막론하고 자식이 정상적인 몸으로 태어나 건강하게 자라는 것은 부모에게 더없이 큰 행운으로 여겨졌고, 그와 관련된 풍속도 다양하기 그지없었다.

먼저 유럽의 경우를 살펴보자. 고대 로마인들은 아기를 낳으면 특별한 의식을 치렀다. 태어난 직후에는 아버지가 아기를 품에 안고 부모와 자식간의 유대를 보여주기 위해 아기를 번쩍 들어올렸고, 며칠 뒤에는 아기의 목에 '불라'라고 알려진 행운의 부적을 걸어 주었다. 악한 귀신을 막기 위한 이 부적을 아이는 유년 시절이 끝날 때까지 목에 걸고 다녀야 했다.

출생 이전에도 의식이 있었는데, 유럽에서는 19세기까지도 산모가

테마로 보는 동서문화풍속

긴장을 풀고 순산하기를 기원하는 마음에서 집안의 모든 매듭을 풀고 악령이 들어오지 못하도록 문과 창문을 걸어 잠갔다. 그런가하면 독일 일부 지방에서는 산모가 남편의 양말 한 쪽을 가지고 다니면 절대 조산하는 일이 없다고 믿었다.

이슬람 문화권에서도 뜻깊은 출생의식을 치렀다. 이슬람권 국가인 파키스탄에서는 아이가 출생한 지 한 시간 정도 지나면 생후 최초의 회교 의식이 행해지는데, 가족들 중 최고 연장자나 아이 아버지가 아이의 귀에 대고 '아잔' 이라고 속삭인다. 아잔이란 말은 아이가 회교도로서 잘 자라기를 기원하는 말이다. 또한 '샤헤드 차타이'라는 의식이 이어지는데, 이 말은 '꿀 빨기'라는 뜻으로 달콤한 인생을 기원하면서 할머니가 아이에게 첫음식으로 꿀을 먹이는 것을 말한다.

세계 종교의 고향으로 일컬어지는 인도에서는 옛부터 더욱 성스러운 출생 풍속이 치러져 왔다. 일반적으로 인도에서 출생 의식은 아이가 태어난 즉시 탯줄을 잘라 내기 전에 행해진다. '자타 카르마'라 불리는 이 의식은 아버지가 꿀과 정제 버터를 섞은 음식을 황금 숟갈로 아이 입술에 대는 것이다. 아이는 생후 10일 동안은 불결하다고 여기기 때문에 이름 짓기에 앞서 아이에게 간단한 정화 의식을 행한다. 산모는 이 기간 동안 갠지스 강물로 목욕을 하고 집 전체에 갠지스 강물을 뿌린다. 또한 인도에서는 20세기 초까지만 하더라도 특히 일식이나 월식 때 태어난 아기는 불운하다고 생각하여 일정한 의식을 치른 다음에야 아버지가 아기를 볼 수 있었다.

동양의 경우도 출생 풍속이 까다롭기로 뒤지지 않지만, 출생에 있어 과시로서의 의식이 강했고 동시에 남아와 여아에 대한 성차별이 심했다는 차이가 있다. 중국에서는 예전에 득남을 하면 대문 위에 활을 걸어 놓아 알렸으며, 우리나라에서는 숯과 함께 붉은 고추를 걸었다. 득녀는 그리 기쁜 일로 받아들여지지 않았는데, 이런 관념은 성장 과정의 여러 의식에도 반영되었다.

중국에서는 아들에게 남성의 절대 우위를 상징하는 막대기 모양의 공작석 장신구를 가지고 놀도록 한 반면, 딸에게는 여성을 상징하는 오목한 말대나 가지고 노는 것이 어울린다고 생각하였다. 중국인들은 또 남자 아이가 태어난 지 100일이 되면 여러 가지 조그만 장신구들이나 옷가지가 담긴 쟁반을 그 아이 앞에 갖다 놓고, 아이가 무얼 집는가에 따라 그 아이의 성격이라든가 장래를 점쳤다. 우리나라에서도 사내아이의 경우만 돌잔치를 치러주면서 집는 물건을 보고 아이의 미래를 예견했다.

하지만 아이의 생명을 소중히 여기는 데에는 남녀가 따로 없었다. 악령의 심술을 피하면서 무사히 성장하기를 바라는 마음에 여러 의식을 치렀다. 우리 풍속에서는 먼저 삼신할미에게 감사의 뜻을 표하기를 잃지 않았다.

아이가 태어난 지 3일되는 날이면 흰쌀밥과 미역국을 삼신할미에게 바쳤다. 흰쌀밥은 깨끗한 정성을 공양하오니 아기를 잘 보호해 달라는 기원의 상징이었고, 백설기는 '흰무리'라고도 하는데 말 그대로 멥쌀가루를 하얗게 쪄낸 떡으로 신성하다는 뜻의 상징이었다.

또한 이 날 처음으로 아기에게 옷을 입혔으며 이 옷을 '배내저고리'라고 했다. 배내저고리는 부드러운 천으로 만드는데, 바지는 없고 저고리만 좀 길게 한다. 배내저고리는 재봉침으로 박지 않고 손수 바늘로 꾸미며, 앞에 단추를 달지 않고 반드시 실로 길게 끈을 달아 가슴을 한바퀴 둘러매도록 했으니, 단추를 사용하지 않고 실로 두른 것은 아기 수명이 길기를 바라는 뜻에서였다.

100일째 되는 날에도 삼신상을 차렸고, 백일떡을 이웃에 돌렸다. 그러나 아기가 병이 났을 경우에는 백일잔치를 하지 않았다. 병이 들었는데도 잔치를 하면 아이에게 해롭다고 믿었기 때문이다. 그런데 어떤 이유로 3일과 100일이 중요시된 것일까? 주지하다시피 3은 성스러운 숫자였기 때문에 신성시여긴 것이다. 그렇다면 100일은?

중국이나 우리나라에서는 대개 홀수를 양수(陽數)라 하여 하일(賀日)로 정하는 것이 보통이다. 그런데도 백일이 하일로 된 것은, 백은 성수(成數)의 일극점(一極點)으로 모든 것의 완성을 뜻하기 때문이다. 다시 말해 귀여운 아기가 생장의 일차 완성점인 '백일'이라는 큰 고비를 잘 넘겼음을 축하하는 것이다. 이런 기쁨은 색채에도 반영되어 100일 전 까지는 흰옷만을 입히던 것이 백일부터는 색깔 있는 옷을 입히기 시작했다.

그리고 아기를 키우면서 지나친 칭찬을 하지 않는 금기 풍속도 철저히 지켜졌다. 아무리 아기가 예쁘고 귀여워도 "그놈 참 밉다"라고 반어법(反語法)으로 표현했다. 질투심 많은 악귀가 얼굴을 밉게 만들지 모른다고 우려했기 때문이다. 아기를 안았을 때는 설령 무겁다 느꼈을지라도 절대 아기가 무겁다라고 말하지 않았다. 잘 돌보아준 삼신할머니가 노여워할까 두려워서였다. 또한 아기를 예쁘게 치장하지도 않았다. 귀신이 거리를 돌아다니며 사람들을 잡아가곤 하는데, 가장 만만한 것이 잘 생기고 옷 잘 입고 번듯한 아이라고 생각했기 때문이다.

정리해서 가만 생각해보면, 옛사람들의 풍속은 지혜의 산물이었다고 여겨진다. 아이 자신이 느끼지도 못하는데 어른 입장에서 보아 예쁘고 좋은 것을 골라 입히고 자랑하는 요즘 세태를 떠올리면 더욱 그렇다. '출생'의 의미를 되짚어보면서 '정성'의 의미를 새김질해야 하지 않을까 싶다.

성인식

어른이 되기 위한 통과의례

1909년 프랑스의 인류학자 반 헤네프는 세계 각국의 문화풍속을 연구하면서 통과의례(rite of passage)라는 용어를 만들어내어 주목을 끌었다. '통과의례'란 사람이 태어나서부터 죽을 때까지 거치게 되는 의례행사를 가리키는 말이며, 이때부터 통과의례의 상징이나 의미에 대한 연구가 본격화되었다.

전통적으로 어느 사회에서든지 탄생·성인·결혼·장례 등과 같은 통과의례는 매우 중요한 의미를 지니고 있다. 출생·결혼·장례는 개인 혹은 가족에게 있어서 실로 중차대한 일이기 때문이다. 하지만 그중에서도 성인식은 더욱 특별히 여겨졌다는 점에서 주목할 만하다.

한 인격체로서는 '철들었음'을 자각하는 변화의 기점이고, 사회적으로는 사회구성원의 새로운 영입을 뜻하기 때문이다. 후자(後者)의 경우 대부분의 문화권에서 공통적 의미를 부여하여 왔으니, 국가·민족에 따라 성인식의 형태가 다를지언정 '가족의 차원에서 부족의 차원으로 변화하는' 구조적 특성은 같았다.

성년예식은 고대사회에서부터 있어온 풍습이다. 성인식 문화는 종교 의례 속에 흡수된 곳이 있고, 혼례식에 흡수된 예도 있다. 유태교·기독 교·이슬람교 문화권에서는 종교적 의례로 성인식을 치른다. 이를테면 유태교에서는 회당에서 두루마리 성경을 부자(父子)간에 주고받는 '바 미치바'라는 성년식을 치르며, 천주교에서는 유아영세를 행한 곳에서 견진성사를 행하여 한 사람의 독립된 신자가 되었음을 축하한다.

아프리카 문화권에서는 육체적 고행을 요구하거나 시험을 통해 성인 여부를 결정한다. 많은 부족들이 얼굴이나 등에 상처를 내어 특별한 표 식을 하는게 일반적이지만, 때로는 장애물을 해결하는 시험을 치른다. 하마르족의 경우 성인식 치르지 못한 소년을 '아직 사람이 아니라'는 뜻으로 '우클리(당나귀)'라 부른다. 그러므로 소년들은 어서 이름을 얻 게 되기를 간절히 바라는데, 이름은 성인식을 통과해야만 주어진다.

성인식의 절정은 소 등 뛰어넘기이다. 발가벗은 몸으로 소 등을 네 번 뛰어오른다. 무사히 뛰어오르면 성인식을 통과했다는 축하를 받지 만, 만일 소등에서 떨어지면 평생 놀림감이 되고 여자들로부터 채찍질 받는다. 하마르족 사회에서의 '이름'은 사회구성원으로 인정하는 상징 적 '자격증'이었던 것이다.

그런가하면 남태평양의 여러 섬에서는 '미혼자 가옥'에 해당하는 공 공건물을 지어 2~3년간 합숙생활을 시킨다. 남자들만 모인 외딴 곳에서 젊은이들은 정신적인 인내와 함께 육체적 단련을 받는다. 그런 후 성인 의 모습으로 부족사회로 돌아올 수 있다. 이 성인식은 강한 생활력과 함 께 자립심을 키워주기 위한 것이다.

유럽의 경우는 특별히 '성인의 날'을 제정해 행사를 갖지는 않고 있 다. 독일과 스위스의 경우는 지능과 정신연령을 측정해서 통과된 사람 에게 18세부터 성년신고를 받는다. 성년신고를 마친 사람은 20세 이전이라도 성인 대우를 받는 것이다. 프랑스는 나이 15세 이상의 사람을 대상으로 독립된 법률행위를 할 수 있는 길을 터주고 있으며, 결혼하면 나이에 상관없이 성인으로 대우한다.

유럽과 달리 미국은 1940년 의회에서 매년 5월 셋째 일요일을 '시민의 날'로 정해 새로 선거권을 갖는 성년에게 축하잔치를 베풀어왔다. 'I am an American Day'로 불리는 이 기념일은 1952년부터는 9월 17일로 변경됐으며, 이 날은 미국에서 출생했거나 이민 온 자를 막론하고 미국 시민이 되었음을 공식적으로 확인시켜주고 각 지방별로 노래 부르기와 댄스 파티 등 축하잔치를 열어준다. 미국은 만18세부터 성인이다.

성인식이 성대하기로는 단연 일본이다. 일본에서는 고대부터 성인식이 행해졌으며, '와까모노야'라는 청소년 합숙소가 마을마다 있었다. 청소년들이 합숙소에 들어가면 자기 집으로 가지 않고 합숙소에서 숙식을 하며 일정한 기간이 지난 후 결혼을 한다. 현재 일본에는 합숙소로 사용하던 건물은 그대로 보존되어 있으나 합숙소 제도는 없어졌다. 대신 1월 15일을 '성인의 날'이라 하여 만20세가 되는 남녀들이 이 날 성년식을 행한다.

1948년 제정된 성인의 날은 국가공휴일의 하나로 매년 신궁에서 성대한 행사를 치른다. 성인의 날이면 길거리는 깔끔한 양복을 입은 남자와, 처녀를 상징하는 소매가 넓고 화려한 색깔의 기모노를 입은 여자로 넘쳐난다. 부모들은 20세가 되는 자녀들에게 옷과 함께 아들에게는 지갑을, 딸에게는 핸드백을 선물한다. 그 안에는 재물운(財物運)을 기원하며 1만엔이 들어있게 마련이다.

그리고 일본 젊은이들은 20세가 되는 생일날 구청으로부터 "당신은 이제 성인이 됐다"는 엽서를 받음으로써 법적으로 확실한 성인이 된다. 한편, 일본의 기모노는 상당히 비싼 것으로 유명해서, 여자가 성년식을 치르기 위해서는 막대한 경비가 든다는 부작용도 있다.

醮禮

이에 비해 우리나라에서는 관례(冠禮)·계례(笄禮)라는 이름의 성인식을 치렀다. 삼한(三韓)시대에 젊은이들이 일정한 나이가 되면 '청년의 집'에 들어가 고행의 과정을 거쳐 성인으로 인정받는 풍속이 있었으나, 관례로서의 성인식은 고려시대에 시작되었다. 문헌상으로 고려 광종 16년(996)에 관례를 행했다는 기록이 남아 있다.

조선조 사대부 집안에서도 관례와 계례를 행했다. 동네 어른이 모여 만16세가 된 남자아이에게 상투를 틀어 갓을 씌워주는 행사가 관례이며, 만14세가 된 여자에게 대청에서 머리를 올려 쪽을 찌고 비녀를 꽂아주는 행사가 계례이다. 또 어른이 되어서 부르는 이름인 자(字)를 지어받아 이 날부터 불리는 이름도 달라진다. 본명(本名)은 부모·스승만이 부르는 이름이기에 따로 자(字)를 지어주는 것이다.

전통성년식 가운데 독특한 것은 술을 따라주는 초례(醮禮) 의식이다. "술은 향기로우나 과음하면 몸을 망치기 쉬우니 항상 분수를 지켜 몸에 알맞게 마셔야 한다"라는 가르침에 이 날 성인이 되는 젊은이들은 "삼가 일생동안 명심하겠습니다"라고 서약함으로써 입에 술을 댈 수 있게 된다. 우리나라의 엄격한 주도(酒道)문화는 여기에서 연유한 것이다.

하지만 사실상 성년식은 결혼식에 포함되어 왔다. 예컨대 남자가 사모관대를 입고 결혼식을 함으로써 어른이 되었다 하고 연령이 아무리 많아도 결혼하지 않으면 어른으로 대접하지 않았다. 이런 정서는 관례라는 말에도 잘 담겨 있다. 머리를 뒤로 따서 길게 늘어뜨리는 것은 어린이의 머리 모양으로, 어린 시절에는 남자·여자의 구별이 없다. 상투를 틀고 모자(冠)를 쓰는 관례 의식은 바로 어린이로부터의 탈출을 상징하는 외양적 변모였기에, '댕기머리 총각'은 영원히 아이 신세를 면치 못했던 것이다.

삼한시대부터 면면히 이어 내려오던 성년식은 일제의 국권침탈시기에 명맥이 끊겼다가 1970년대 말 『가례집람(家禮輯覽)』 등 전통 예서에 근거해 부활했다. 또한 지금의 '성인의 날'(5월 셋째 월요일)은 만 20세가 되는 젊은이에게 사회구성원으로서의 권리와 의무를 일깨워주기 위해 1973년 제정되었다. 성년이 되면 술·담배를 마음대로 할 수 있고, 술집도 자유롭게 출입할 수 있으며, 미성년자 관람불가 영화도 볼 수 있다. 참정권도 주어진다.

데이트

남자와 여자가 만나는 풍경

미국 사우스캐롤라이나주의 밥 존스대학은 1950년대부터 청교도 근본주의에 입각해 "서로 다른 생명체와 종(種)을 창조한 신의 섭리를 존중해야 한다"는 논리로 서로 다른 인종끼리 데이트하지 못하게 하여 논란을 일으켰다. 표면적으로는 인종의 존중을 내세웠지만 실제로는 백인 학생과 아시아인 학생이 서로 사귀지 못하게 하려는 의도가 분명했기 때문이다. 밥 존스대는 선언에 그치지 않고 남녀 학생이 손을 잡는 것은 물론 6인치(약 15cm) 이내로 붙어 다니는 것조차 막았다.

그러던 밥 존스대에 변화가 일어났다. 1999년 3월 3일 밥 존스 3세 총장은 "사람들이 우리를 인종차별주의자로 여기는 것은 잘못"이라면서 인종이 다른 학생들도 데이트할 수 있도록 학칙을 바꾼 것이다. 도대체 '데이트'가 무엇이길래 50년 동안이나 강력히 금지됐을까.

'데이트(date)'란 이성(異性)과 만날 약속 또는 그런 약속으로 만나는 것을 뜻하는 말이다. 영어 date는 '날짜'라는 뜻의 라틴어 데이타(data)에 어원을 두고 있다. 고대 로마에서는 편지의 날짜 앞에 Data Romae(로마에서)라고 적었다.

다시 말해, 편지 서식에서 먼저 data라는 제목을 쓰고 그에 발신일자와 장소를 쓴 다음 줄을 바꾸어 비로소 본문을 썼다. 몇 년 몇 월 며칠, 어디서 이것을 발신했다는 뜻으로 맨 처음에 라틴어로 data를 기입했던 것이다. 그후 라틴어의 의미가 일반 사람과 인연이 멀어졌을 때 data는 date로 변하면서 언제나 날짜 앞에 기입하는 것으로 대개 '날짜'라는 뜻일 것으로 인식하게 됐다.

그런데 이 말이 20세기 초엽 미국에서 '남녀간의 밀회(密會)'라는 뜻의 속어로 사용되기 시작했다. 특정한 날에 만날 것을 약속했기에 '날짜=만남'으로 통용되었던 것이다. 1930년대에는 프랑스어 랑데부(rendez-vous)가 '미팅'의 뜻으로 쓰였으나, 다시 제2차 세계대전 후 주로 미국에서 젊은 사람들 사이에서 흔히 '연애를 위한 이성과의 약속'을 뜻하는 말로 쓰였고, 그것이 그대로 일본을 거쳐 우리나라에 수입됐다.

요컨대 데이트는 사귐을 목적으로 한 남녀간의 만남이며, 기대·흥분·기쁨·사랑 등등의 마음이 담겨 있다. 그런 맥락에서 보면 밥 존스대가 이색인종간의 데이트를 금지시킨 조치는 사귐의 원초적 출발점을 봉쇄하려는 의도임을 알 수 있다.

그 양상은 다를지언정 데이트는 고대부터 있었다. 사랑의 감정과 표현에 관한 한 옛사람이나 현대인이나 크게 다를 바 없기 때문이다. 다만 차이가 있다면 옛날에는 어쩌다 한 번 기회를 보아 집단 데이트를 했다는 점이다.

이를테면 고대 로마에서는 2월 중순 경 젊은 남녀가 짝지어 단체로 데이트하는 풍속이 있었으며, 우리나라의 경우 신라시대 때 사월 초파

일부터 보름날까지 밤낮없이 절에 가서 복을·비는 습속이 있었는데 이 탑돌이에서 남녀가 눈이 맞으면 숲속으로 들어가 데이트를 즐기곤 했다. 여자들의 통행이 자유롭지 못했던 데서 비롯된 일이었다.

그러나 현대들어서는 자유연애가 활발해지면서 데이트 기회가 많아졌고, 그 기회에 있어서도 소그룹 미팅 혹은 둘만의 소개팅이 주류를 이루고 있다.

주목할 것은 데이트중인 남녀는 둘만의 세계로 빠져들고싶어 한다는 심리다. 이런 경향은 감수성 예민하고 자제력 부족한 청소년층에서 자주 나타난다. 그러하기에 부모들은 사춘기 자녀의 데이트에 민감한 반응을 보이고 시간으로 그 농도를 조절하곤 한다.

미국의 경우 청소년들의 데이트는 대개 12세 때부터 허용되며, 이때는 학교 선생님이나 교회 선생님들의 눈길이 닿는 곳에서 하는 단체 데이트가 보통이다. 15세 정도의 나이가 되면 단독 데이트를 허락하지만, 밤 10시 전에 반드시 집에 돌아와야 한다. 데이트를 할 때 행선지나 거처를 밝혀야 함은 물론이다. 귀가 시간을 어기면 당분간 외출을 금지하는 벌이 내린다.

17세 정도의 하이틴이 되면 귀가시간을 자정까지 연장해 주지만, 이때도 역시 제멋대로 들락거리는 것은 눈감아주지 않는다. 웬만한 집안 아이들은 대개 자기가 누구를 만난다는 것을 부모에게 밝히는 게 상례다. 어느 경우에나 school nights(월요일에서 목요일까지의 밤시간)에는 데이트를 하지 못하며 주말 저녁에만 데이트가 허락된다. 그러나 대학생이 되면, 부모의 통제에서 완전히 벗어나게 된다.

데이트 시간에 예민하기는 우리나라도 마찬가지여서 귀가시간을 지키기 위해 데이트 중인 남녀가 집으로 달려가는 CF가 화제를 모은 바 있다.

상황이 이렇다보니 데이트 장소도 은밀한 공간으로 정해지기 일쑤였

다. 물방앗간같이 야밤에 인적이 드문 공간, 숨으면 잘 보이지 않는 보리밭, 등잔 밑처럼 어두운 다리(橋) 아래 등이 옛날 연인들의 인기 장소가 된 것은 자연스런 일이었다.

둘만의 오붓함을 좋아하기는 상류층도 마찬가지였으니 마차나들이와 관람석이 그 자리를 차지했다. 예컨대 18세기 말엽 유럽에서는 마차를 타고 교외로 데이트 나온 남녀 때문에 숙박업이 발달했으며, 1870년대 유럽 전역에서 오페라가 유행할 때 여자의 관심을 사고자 하는 남자들은 데이트 코스로 오페라 극장을 찾았다. 특히 2층 이상의 발코니에 마련된 특별실은 밀회를 좋아하는 연인들에게 인기가 높았다.

그런가하면 1960~70년대에 덕수궁 뒷담길이 유명한 데이트 코스가 된 것도 한적함 때문이고, 극장이 연인들의 데이트 장소로 꾸준한 인기를 누리는 것도 은밀함 덕분이다.

그런데 흥미로운 점은 사람들은 상당한 기대를 안고 데이트에 나선다는 것이다. 1975년 미국의 사회심리학자 월스터, 애론슨, 에이브러햄스, 로만 네 사람은 대학생들을 상대로 재미있는 실험을 했다. 자신의 용모를 감안하면서 상대의 용모에 대해 어떤 기대치를 안고 있는가 알아보는 조사였다.

연구자들은 보다 현실적인 상황을 알기 위해 대학신입생 파티를 이용했다. 남녀학생 752명의 생김새를 상급생 몇이 앉아 몰래 평가를 하고 파트너는 컴퓨터로 배정했다. 그런 다음 파티가 중반에 왔을 때 파트너가 얼마나 좋은지를 질문지를 통해 알아보고 6개월이 지난 후 다시 질문을 해서 2쌍이 얼마나 데이트를 했는지 알아보았다. 또 댄스가 있기 2일 전에 질문지를 주어 여러 가지 질문을 했는데, 그 중에는 컴퓨터 데이트 상대자가 얼마나 잘 생겼을 것으로 보는지, 또 얼마나 상대가 자기를 친절하게 대해 줄 것으로 생각하는지 등을 알아보는 질문도 들어 있었다.

이 세 가지 자료에서 나온 결과를 분석해보았더니 잘 생긴 학생이나 못 생긴 학생 모두 잘 생긴 데이트 상대를 원하는 것으로 밝혀졌다. 또한 용모가 예쁠수록 데이트 기간이나 횟수도 길고 많았다. 단적으로 말해 데이트 상대는 용모가 뛰어나면 뛰어날수록 선호된 것이다. 이런 점은 남녀 모두 마찬가지였으며, 지능·성격은 좋아하는 정도와 거의 상관이 없음도 드러났다. 첫 만남에서는 용모의 비중이 상당히 높았던 것이다. 요즘에는 화상 채팅을 통해 용모를 사전에 파악하고 있으니 용모에 대한 비중은 예나 지금이나 하나도 다를 것이 없다 하겠다.

그럼에도 데이트는 앞으로도 사람들의 일생에서 매우 소중하고도 값진 추억으로 작용할 것이다. 기계문명의 영향력이 한층 강해질 미래라 할지라도 사랑의 미묘한 작용으로 인해 발생하는 흥분과 짜릿함은 영원할지니…….

결혼

웨딩마치(Wedding march)와 혼인(婚姻)

결혼(結婚)이란 남녀 한 쌍이 부부의 인연을 맺는 것을 일컫는 말이다. '결혼하다'라는 뜻의 영어 단어 '웨드(Wed)'는 앵글로색슨인들이 '약속을 어기지 않겠다'는 보증을 한 데서 비롯되었으며, '결혼'을 의미하는 단어 '웨딩(Wedding)'은 '경마에 돈을 걸다'라는 뜻을 가진 Weddian이란 단어에서 유래되었다. 모두 결혼의 의미가 '계약에 의한 거래'에 있음을 암시하고 있다.

남·녀간의 부부됨을 일러 요즈음은 '결혼(結婚)'이라 하지만 우리 전통어로는 '혼인(婚姻)'이다. 婚은 원래 昏, 즉 해가 진 후에 예를 치른다는 뜻이고 姻은 '여자가 사람으로 말미암아 성례한다'는 뜻이다. '결혼(結婚)'이란 저녁에 맺어진다 하여 생긴 말인 것이다.

혼인의 역사는 중국 주(周)나라로 거슬러 올라간다. 중국의 고전(古典)인 『예기(禮記)』의 '토혼례(土昏禮)'를 보면 결혼식은 저녁에 올리는 것이 관례였는데, 당시의 혼속은 남자가 해가 진 후 여자의 집에 가서 예를 올렸다. 여기에는 '양(陽)'이 '음(陰)'을 맞이하는 것이라 어두울 때 한다는 의미가 담겨 있다. 여자가 음기(陰氣)를 뜻하므로 달(月)이 뜨기 시작하는 때를 맞추었던 것이며, 저녁 때의 혼례는 신부가 달의 기운을 한껏 받기를 기원한 풍속이었던 것이다. 따라서 남자의 복장도, 타고 가는 수레의 빛깔도 다 검었다 한다.

고구려 때 결혼도 저녁에 베풀었다. 사위가 될 신랑이 저녁 무렵 신부집 문 밖에 꿇어앉아 큰절을 하며 신부와 동침케 해줄 것을 애걸하면, 장인·장모가 밤늦게야 미리 마련한 사윗방〔壻屋〕에 들인다. 이때 사위는 돈과 비단을 바치고 들어섰다. 결혼하는 것을 장인집에 든다 하여 '장가(丈家)든다'고 한 것은 이같은 풍습에서 연유된 것이다. 그런 뒤에야 신부가 시댁(媤宅)으로 갔기에 '시집가다'라는 말도 생겼다.

고구려·신라·고려시대에는 혼사에 검소한 성의 표시만 할 뿐 재물이 오가지 않았으나, 유교적 격식을 지나치게 강조했던 조선시대에 들어 허례허식이 많아지기 시작했다.

또한 저녁에 행사를 치르자니 화촉(華燭)을 밝혀야 함은 당연스런 일이었다. 華는 가지에 피어 있는 예쁜 꽃의 모습으로 본디 뜻은 '꽃'이며, 꽃의 화려함을 표현한 글자다. 燭은 火와 蜀의 결합인데, 蜀은 해바라기 잎을 갉아먹는 벌레를 뜻한다. 그러므로 燭은 해바라기 벌레가 잎을 갉아먹듯이 초가 타들어가며 불〔火〕을 밝힌다는 뜻과 아울러 '초'나 '촛불'을 의미한다.

본래 화촉은 중국에서 육조(六朝)시대부터 결혼식과 경사스런 날에 사용한 '붉은 색의 초'에 유래를 두고 있다. 붉은색이 악귀를 물리친다는 중국인들의 전통적 관념에 의해 생긴 풍속이었다. 오늘날 결혼식장에서 화촉을 밝히는 풍습은 이에 연유한다. 요컨대 동양의 결혼은 '성스러운' 분위기가 깃들여진 신성한 통과의례였던 것이다.

文家

이에 비해 서양에서 결혼식은 남성 중심의 행사였다. 고대 서양에서 횡행했던 약탈혼과 매매혼에서 짐작할 수 있듯, 서양인들은 결혼식을 그렇게 취득한 노예의 합법적 예속행사로 이용했으며, 정상적인 결혼이라 하더라도 언제나 남성 중심의 행사로 치러졌다. 또한 남성우월적 사고는 태양숭배와 맞닿아 결혼식을 밤이 아닌 환한 낮에 치르게 되었다.

동양에 비해 '즐거운' 잔치의 성격이 강했던 것도 서양 결혼문화의 특징이라 할 수 있다. 때문에 서양인들은 결혼식 이전이라 하더라도 여러 이벤트를 만들어 행운을 축원하였다. 독일의 '포터 아벤트'는 그 대표적인 행사이다. 포터 아벤트는 결혼식 전날 파티를 열어 축하하는 풍습으로, 이 날 파티에 참석하는 사람들은 특별히 자신의 집에서 오래된 접시를 몇 개 가져와 신혼부부의 집 앞에 던져 깨뜨린다. 이렇게 하는 것은 신혼부부에게 행운을 가져온다고 믿는 풍습 때문이다.

영국이나 캐나다 사람들도 '브리달 샤워'라 해서 결혼 전에 친지·친구들로부터 축하를 받는 풍습이 있다. 브리달 샤워는 결혼 1주일쯤 전에 신부와 가까운 사람들이 새살림에 필요한 부엌용품이나 그릇·장식품 등을 선물하며 행운을 기원하는 풍속을 말한다.

결혼 당일 분위기나 복장에 있어서도 동·서양의 의미가 달랐다. 우리의 경우 혼인날 '웃음'은 금기의 대상이었고, 축하는 해줄지언정 떠들썩한 웃음은 피해야할 불문율이었다. 특히 신랑이나 신부가 웃을 경우 '딸을 낳는다'는 근거없는 속말까지 있을 정도였는데, '아들 제일주의' 사회에서 딸을 낳는다는 것은 '불행'을 상징하는 일이었다. 때문에 남자는 근엄한 표정을, 여자는 다소곳한 수줍은 표정으로 하루를 보내야 했다. 신랑신부에게 그나마 유일한 위안거리는 그날만큼은 평민이라 하더라도 남녀 모두 고급관리와 같은 복장을 입고 한(恨)풀이를 하는 것이었다.

이에 비해 서양에서는 왁자지껄한 가운데 결혼식이 진행되었다. 즐거운 마음을 굳이 숨길 필요가 없을 뿐만 아니라 신랑과 가까운 친구들이 신랑을 흥보는 유머를 연발하며 한껏 분위기를 고조시켰다. 차분함은 슬픔으로 여겨져서 금기대상이었던 것이다. 초기의 신부 복장도 최고조의 기쁨을 상징하는 것이었다.

신부가 흰색 신부복을 입기 시작한 것은 고대 그리스 시대부터이며, 이때의 흰색은 '순결'이 아니라 '환희'를 의미했다. 고대 로마 시대의 신부들도 흰색 옷을 입었는데, 악마를 쫓아낸다고 믿었던 붉은색 베일을 반드시 쓰는 것이 그리스 시대와 다른 점이다. 붉은색 베일은 점차 붉은색 옷과 조화를 이루게 되었고, 그 습관은 르네상스 시대에까지 계속 이어져 중세의 유럽 신부들은 붉은색 신부복을 즐겨 입었다.

단지 기독교인들만이 흰색 예복을 입었는데, 이때부터 흰색 예복에는 순종·순결의 뜻이 담기기 시작했다. 전통적으로 기독교인들의 결혼예복이었던 흰색 웨딩드레스가 결혼예복의 상징으로 일반화된 것은 19세기 이후부터다.

결혼식이 끝난 뒤, 신랑신부에게 '콘페티'를 뿌리며 다산(多産)을 축원하는 풍속도 '기쁨 문화'의 산물이라 할 수 있다. 콘페티는 그리스 때 생긴 풍속으로 신랑신부의 머리 위에 사탕과자를 뿌려 자손이 많이 생기기를 비는 의식에서 나온 것이다. 이 의식은 동시에 두 사람의 다복을 비는 뜻을 담고 있었다. 로마인들도 풍요와 다산을 기원하며 아몬드나 견과류를 뿌렸다. 같은 목적으로 밀을 사용하기도 했다. 오늘날에는 온갖 꽃가루와 색실·색종이를 뿌리면서 그 전통을 이어가고 있다.

그런가하면 '결혼행진곡'도 환희의 마음에서 탄생한 것이라 말할 수 있다. 서구식 결혼식장에서 신부가 입장할 때와 신랑·신부가 퇴장할 때 울려퍼지는 "딴따따단~"은 관례화되다시피한 음악으로 유명하다. 신부 입장 때 나오는 곡은 바그너의 1848년 오페라 〈로엔그린〉에 나오는 〈혼례의 합창〉이고, 신랑·신부가 행진할 때 나오는 곡은 멘델스존의 1826년작 〈한여름밤의 꿈〉에 나오는 결혼행진곡이다.

이 두 곡은 1858년 영국의 빅토리아 공주와 프러시아의 프리드리히 빌헬름 왕자의 결혼식 때 처음 사용된 것으로 알려져 있다. 신부인 빅토리아 공주는 '태양이 지지 않는 제국'의 기초를 다진 빅토리아 여왕의 장녀인데, 문화예술에 조예가 깊었던 그녀는 특히 멘델스존과 바그너를 좋아해 〈혼례의 합창〉과 〈결혼행진곡〉을 직접 선택했다고 한다. 결혼식을 신부 자신이 한껏 축복했던 것이다. 그러자 전통적으로 왕실을 존경하는 영국 국민들이 자신들의 결혼식에도 같은 곡을 연주하면서 자연스레 유럽 사회 전반으로 확산됐으며, 나아가 세계 전역으로 퍼지게 되었다.

장례

죽은 자에 대한 예절

원시시대부터 인류는 죽음에 상당한 의미를 부여했으며, 정성을 다해 장례를 치렀다. 누군가 죽으면 공동체 구성원들이 모두 모여 죽은 자를 기리는 의식을 치르고 그를 저 세상으로 보냈다. 이때 사자(死者)에게 떠나라는 신호로 종소리를 울렸으니, 의식의 중요한 시점을 알리는 신호였다. 장례식 때의 조종(弔鐘)은 죽은 이의 영혼을 지상에서 멀리 보내는 효과가 있다고 믿었던 데서 행한 관습이었다.

옛날에 죽은 사람을 위하여 울리는 조종에는 두 가지 목적이 있었다. 하나는 방금 이승을 떠나간 영혼을 위하여 유족들이 모두 기도 드린다는 표시이고, 다른 하나는 임종의 침대 밑에 서서 기다리는 악귀들을 멀리 쫓아버리는 것이다. 악귀들은 침대 밑이나 그의 집 주변에서 이승을 떠나는 영혼을 잡아갈 준비를 하기 때문이다.

다시 말해 조종은 악귀를 쫓아보낸 뒤 죽은 자의 혼령을 정중히 떠나보내는 이별의식의 신호였던 것이다. 오늘날 군인 사망자에 대한 예의의 차원에서 거행되는 조총(弔銃) 의식도 이에 연유하여 생긴 관습이다.

특히 서양의 경우 장례식은 유령신앙과 관계가 깊었다. 서양인들은 '유령(ghost)'이란 죽은 사람이 생전의 모습으로 나타나는 것이라고 여겼는데, 이들의 유령 신앙은 인간의 영혼이 육체와 분리될 수 있으며 사람이 죽은 뒤에도 영혼은 그대로 존재한다는 전통적인 생각에 뿌리를 두고 있다. 우리나라의 경우도 원한을 품고 죽은 자는 저승에 가지 못하고 이승에 나타난다고 여겨졌다. 때문에 서양을 비롯한 여러 나라에서 장례식은 살아 있는 사람들 앞에 유령이 자주 나타나서 괴롭히지 못하도록 하는 의식으로 치러져왔다.

'시체를 어떻게 예우할 것인가' 하는 문제는 문화권에 따라 다양했다. 이때 죽은 자가 내세(來世)에 자신의 육신을 필요로 할 것인가 아닌가에 대한 믿음에 따라 결정이 내려졌다. 인도의 파르시족은 새들로 하여금 시체를 파먹도록 하는 것이 진정한 정화(淨化)라고 믿었다. 이에 비해 이집트인들은 육신의 재생을 꿈꾸었기에, 왕족·귀족의 시체는 향유를 발라 미라로 처리하고 평민의 시체는 단순히 소금에 절여서 보존하였다.

화장을 하는 경우도 있었는데, 그것은 시체 속에 악귀가 스며든다는 믿음 때문에 생긴 풍속이었다. 고대 그리스인들은 시체 소각이 영혼을 해방시킨다고 생각하여 모든 시체를 불에 태웠다. 그런가하면 불가(佛家)에서는 성스러운 불〔火〕을 이용하여 이승의 더러움을 없애고 깨끗한 영혼만을 저승으로 보내기 위해 화장을 행하였다.

하지만 대부분의 문화권에서는 시체를 깨끗이 씻은 뒤 좋은 옷을 입히고 관에 넣어 땅에 묻었다. 초기의 원시인들은 죽은 사람의 악귀를 쫓기 위해서, 그리고 사람들이 무덤을 피해 다니도록 표시를 해두기 위해서 묘비를 세우게 되었다. 또한 같은 맥락에서 고대인들은 시체를 보호한다는 목적 못지 않게 죽은 자가 무덤을 빠져 나와 생존자들 눈에 띄지 않도록 한다는 목적에서 무거운 관을 사용하였다.

요즈음 장례식장에서는 흔히 헌화(獻花)가 행해지는데, 그런 풍속은 기원전부터 있었다. 조로아스터교·유태교·만다라교의 장례식에서 향기가 나는 꽃이 사용되었고, 고대 로마인들도 장례의식에서 꽃을 헌화하였다. 여기서의 꽃은 내세에도 계속되는 생명의 상징이었다. 로마인들은 부활·영원한 봄을 기원하며 묘지에 장미를 심었으며, 추모하는 날 묘지에 장미를 뿌렸다. 중세 유럽인들은 '장미가 현세적인 것이 죽은 후에 영적인 것으로 재생됨을 나타낸다'고 믿었다.

오늘날 서양의 장례식에서 사용되는 장미는 영원한 생명을 상징하며, 장례식이나 묘지에 기독교인들이 헌화하는 관습은 이런 종교의식의 연장이다. 또한 서양인들이 국화를 헌화하는 것은 서양에서 국화가 평화와 풍요를 상징했던 바 '죽은 자의 평화로운 휴식'을 기원하는 데에 연유한다. 반면 중국이나 우리나라에서 국화를 헌화하는 이유는 '이승과 저승을 이은 영원한 장수(長壽)'를 기원하는 것이다.

향기가 강한 꽃을 죽은 자에게 바친 이유는 감정의 '강조'를 위해서였으며, 아울러 '꽃으로 가득한 이상세계'를 상징하였다. 옛사람들은 화원(花園)을 낙원, 축복받은 자들이 사는 정원, 귀신이 사는 곳이라고 생각했다. 아름다움이 계속 유지되기란 현실에서 불가능했기 때문에 비롯된 관념으로, 특히 서양에서는 '장미정원'을, 동양에서는 복숭아꽃 만발한 '도원경(桃源境)'을 낙원으로 여겼다. 따라서 죽은 자에게 꽃을 바치는 행위에 '좋은 세상(樂園)에서 살라'는 염원이 담기게 되었던 것이다.

'검은색 예복' 또한 장례와 관련해 빼놓을 수 없는 관습이다. 대부분의 나라에서 상복은 검은색인데, 검정이 애도의 빛깔로 표시된 것은 기원전 323년 알렉산더 대왕이 죽었을 때부터로 전한다. 이때부터 서양에서는 미망인과 조객들이 검은 상복을 입기 시작했으며, 고대 로마시대

吊

이래 확실하게 상복은 검은색이었다. 고대 이집트에서 사람이 죽으면 더불어 죽는다는 뜻에서 온 몸에 검은 흙칠을 한 것이 검은 상복의 기원이라는 설도 있다. 서양의 경우, 옛사람들이 귀신을 두려워한 나머지 그들의 흰 피부를 검정으로 칠하여 숨기려 한 데서 비롯된 것이라는 해석도 있다.

이러저러한 연유로 이 세상 대부분의 지역에서 상(喪)을 나타내는 상장(喪章)은 검은 리본으로 자리매김하였지만, 우리 민족은 상복으로 검은색을 쓰지 않은 예외적 존재였다. 그것은 사후세계에 대한 철학관의 차이에 기인한다. 서양인들은 죽음을 '생명의 끝' 이라 인식한 반면, 우리는 저승을 이승의 연결 세계로 보았던 까닭에 죽음을 존재의 사라짐으로 보지 않았던 것이다. 그래서 상복도 검은색으로 하지 않고 흰색으로 하였다.

우리나라에 상장으로서 검은 리본을 달기 시작한 것은 일제시대 때 강제규정에 의해서였는데, 1934년 상례 간소화정책의 일환으로 발포한 의례준칙이 그 시초였다. 그러나 상복으로 검은색을 쓰지는 않았지만 우리에게 있어서도 검은색은 그리 호감이 가는 색이 아니었다. 요즈음에는 검은 상복을 입고 하얀 상장을 다는 것이 보통이다.

우리의 장례 풍속에는 반드시 칠성판(七星板)이 등장한다. 칠성신은 하늘의 북두칠성을 신으로 믿어 인격신화한 것이며, 칠성신의 기능은 인간의 짧은 명을 길게 잇는 수명 장수이다. 죽은 사람을 거두어가는 관을 칠성판이라고 하는 것은 바로 죽으면 북쪽 하늘로 돌아간다는 것을 상징적으로 보여주고 있다. 이처럼 죽은 자의 세계는 북쪽에 있다고 여겼다.

임종과 더불어 죽은 사람의 웃저고리를 들고 지붕 위에 올라가서, 저승세계인 북쪽을 향해 얼굴을 돌리고 죽은 사람의 이름을 세 번 소리쳐 부르는 초혼(招魂)의식을 치른 것도 행여나 영혼이 육체로 돌아올 수 있지 않을까 하는 희망에서 비롯된 풍속이다. 그러나 결과적으로는 죽음을 확인하는 절차이며, 이 장례 절차는 조선시대 내내 효(孝) 행위의 하나로 여겨졌다.

마지막으로 고려장(高麗葬)을 언급하지 않을 수 없다. '고려장'이란 흔히 늙은 부모를 지게에 짊어진 다음 깊은 산 속에 내다버린다고 하는 장례 풍속을 일컫는 말이다. 즉, 힘없는 노인을 산채로 내다버려 굶어 죽게 하거나 맹수의 밥이 되게 한다는 것이다. 지금도 이런 악습이 고려시대에 실재 있었다고 믿는 사람이 많지만, 그런 장례 모습을 기록한 역사서는 없다. 고려시대는 불효한 자를 법률로 엄격히 다스릴 만큼 효도를 특히 강조했기 때문에 고려장의 풍습이 있을 수 없다.

고려장과 비슷한 설화는 불경인 『잡보장경』 기로국조(棄老國條)에 실려 있으며, 불교와 함께 여러 나라에 전파되었다. '기로국'이 '고려국'으로 전와되면서 '고려장'이 실재한 것으로 믿게 된 것이다. 또한 일제시대 때 한국인의 민족성을 나쁜 쪽으로 강조하려 한 역사교육의 부작용으로 인해 고려장 설화를 사실처럼 여기게 되었다.

풍수

행운 낳는 좋은 땅을 찾아서

풍수(風水)란 무엇인가? 장풍득수(藏風得水)의 줄임말이다. '장풍'이란 생기(生氣)가 바람을 만나면 흩어지기 때문에 바람을 막는다는 뜻이고, '득수'란 땅 속에 수기(水氣)가 있으면 생기가 발생하므로 물을 모은다는 뜻이다. 일반적으로 생기가 쌓이면 지상(地上)에 복(福)을 가져온다고 믿는데서 '장풍'보다는 '득수'를 더 중요시하게 되었다.

'명당(明堂)'이란 무엇인가? 명당은 광명이 가득한 정전을 뜻하는 말이다. 원래 유교의 경전인 『주례』, 『예기』 등에서 쓰인 말로, 왕이 선조에게 제사 지내며 국가의 의식을 행한 전당을 가리킨다. 그런데 풍수설에서는 이 명당을 양택(陽宅:집터)과 음택(陰宅:묏자리)의 두 가지로 나누어 설명한다. 집터는 주건물의 앞쪽 공간을, 묏자리는 무덤 앞에서 안산(案山:앞산)까지의 공간을 말한다. 이에서 발전하여 좋은 집터나 묏자리를 명당이라 하게 되었다.

옛부터 사람들은 건물을 지을 때 어느 곳에 터를 정하고 건물의 출입구나 창문을 어느 방향으로 할 것인가 등에 대해 고심을 하였다. 그러한 생각들은 행운이 가득한 장소와 방향이 있을 것이라는 믿음에 기인한 것으로, '좋은 땅'에 대한 관념은 동서양에 모두 있었으니 서양의 지령(地靈:the Spirit of Place)과 동양의 풍수가 그것이다.

'지령'이란 성스러운 공간에서 나타나는 어떤 힘을 나타내는 말이다. 지령이 있는 공간에 들어간 사람은 그 영(靈)의 존재를 인식할 수 있으며, 여러 가지 방법으로 그것을 경험하게 된다.

고대 이집트인들은 장소가 지니고 있는 힘을 알고 있었다. 파라오가 그들의 유일신인 태양신 아톤을 위하여 새로운 수도를 봉납할 때, 파라오는 일정한 중요 날짜에 떠오르는 태양을 맞아들일 수 있는 동쪽 절벽에 상형문자로 '아톤신의 지평선'이라고 새긴 출구가 있는 장소를 선정하였다. 사원 자체도 개방된 정원이 연속되게 하고, 중앙 홀에는 기둥이 숲을 이루어 실내가 어둠침침하게 함으로써 정령이 가득찬 장소라는 것이 돋보이도록 정교한 배치를 하여 두었다.

그리스인들도 비슷한 믿음을 갖고 있었다. 의학의 아버지인 히포크라테스는 질병 치료에 유리한 영향을 끼치는 장소가 있다고 믿었으며, 아리스토텔레스는 생명체 번성에 적절한 조건을 갖춘 장소가 있다고 주장하였다.

이슬람 사회에도 '좋은 땅'에 대한 관념이 있었다. 서기 920년 경 아라비아인 의사 라제스는 바그다드에 병원을 세우기 위해 '건강에 좋은 장소'를 찾고 있었다. 마침내 그는 고기가 가장 늦게 썩는 한곳을 선정했다고 한다.

그런데 '늦게 썩는 곳'에 대한 관심은 동양 풍수와도 일맥상통한다는 점에서 흥미롭다. 동양 풍수에서는 이른바 명당을 '살은 빨리 썩고 뼈는 그대로 남아있게 만드는 땅'이라고 생각하여서, 지관들이 명당을 선택

할 때는 몰래 개나 달걀을 묻어서 확인하였다고 한다. 이것은 환기가 잘 되는 곳은 공기가 맑지만 막힌 곳은 탁하다는 것, 또는 흐르는 물은 맑지만 고인 물은 썩는다는 것과 맥락을 같이한다고 하겠다.

그런가하면 미국의 원주민인 인디언들도 선사시대부터 나름대로의 터잡기 원칙을 터득하고 있었다. 미국 남서부 지방 원주민들은 "집은 반드시 남향으로 짓되 찬바람을 피하고 물을 가까이 하라"는 동양 풍수사상과 같은 원칙으로 주거지를 정했다. 물이 잘 흐르고 찬바람이 들지 않는 협곡 안에 주로 자리를 잡은 것이다. 이들의 주거지는 대부분 남향이며, 그렇지 못한 경우에도 동서쪽을 바라보고 있어 풍수의 금기사항인 북향만은 피했다. 또 많은 경우 물줄기가 만나는 곳에 큰 주거지를 이루었다.

그렇지만 풍수를 하나의 사상으로 체계화시킨 것은 중국인이다. 이들에 의해 풍수는 땅의 형세를 인간의 길흉화복에 관련시키는 동양적 자연관의 하나로 발전하였다. 다시 말해 인간이 거주지의 풍토에 적응하는 과정에서 성숙하고 발전된 논리체계가 풍수로서, 주거선정, 취락구조, 나아가 사자(死者)의 영면장소까지 연구대상으로 하는 점에서 동양권의 독특한 문화현상이라 할 수 있다.

그런데 중국의 풍수는 음택에 기댄 자손발복(子孫發福)이 주류를 이루었고 따라서 묏자리가 매우 중요시되었다. 고대 중국에서는 상서로운 묏자리를 발견하지 못했을 때 돌아가신 부모의 매장을 연기하는 경우가 비일비재하였다. 그래서 시신을 오랜 기간 집이나 사원에 모셔 두었다. 그러나 한편, 이것은 부모의 시신에 대한 불경(不敬)이라는 관념도 생겼다. 그래서 부유한 집에서는 생전에 묘지를 찾아 미리 조성해 두는 예가 많았다.

일본의 풍수사상은 아스카 시대 때 중국으로부터 전래되었으며, 전국시대를 거치면서 무덤을 가까이하면 부정하다는 금기가 일반화되었다. 이후로 음택은 쇠퇴하고 양택이 번성했다. 그리하여 묏자리에 대한 명당 관념은 일부 부유층에게만 남아 있고, 집에 대한 명당 관념이 확대되어 잔재하고 있다.

이에 비해 우리나라의 경우 삼국시대 때 중국에서 풍수가 유입된 후 음택보다는 양택이 유행하였다. 백제 무령왕릉의 경우 풍수지리설에 따른 명당에 자리했으나, 일반적으로 묏자리보다는 살아있는 사람들을 위한 집터에 깊은 관심을 가졌다.

대문의 방향은 겨울의 차가운 북서풍을 피하기 위해 전통적으로 남향집을 선호했으며, 집터는 대지의 조건과 주변 물길의 흐름을 자세히 살펴서 결정하였다. 산이 오는 맥을 거슬러 터를 잡지도 않았고, 물이 빠져나가는 곳을 향하는 것도 금기시하였다. 특히 물이 들어오는 쪽은 재화(財貨)와 관련이 있다고 해서 옛부터 사대부(士大夫) 집들도 이를 중시했다.

신라 말의 선승 도선(道詵)은 독자적인 자생풍수를 발상한 사람으로 유명하다. 풍수지리 연구가 최창조씨에 따르면, 한국 풍수사상의 전설적 원조 도선이 명당으로 꼽아 사찰을 세워 지금도 명당으로 불리는 자리는 사실 악기(惡氣)가 가득한 자리라고 한다.

도선은 왜 그런 자리를 명당으로 꼽았을까? 바로 "병들었거나 기분 나쁜 어머니(땅)의 심기를 풀어 드리기 위해서"라는 해석이다. 즉 도선 풍수의 핵심은 '병든 땅 찾아내기'라는 것이다. 산사태와 풍해가 예상되는 지형의 국토를 찾아내 명당이라 부르고 재해의 감시와 노동력을 제공할 수 있는 사찰을 세움으로써 자연재해로부터 마을 주민을 보호하기 위해서였다는 견해이다.

하지만 한국의 자생풍수는 조선시대 성종 때 양반제도가 확립되면서 종적을 감추기 시작했다. 자생풍수사상에는 개벽사상이 들어 있기 때문에 임금들이 『도선비기』 등 자생풍수 서적들을 철저히 불살랐던 것이

다. 이후 이 땅에는 산 사람이 잘 살기 위해 죽은 사람의 뼈를 이용하는 좋지 못한 풍수만 남게 되었다. 즉 성종 무렵 중국의 이론풍수가 유입되면서부터 한국의 풍수는 집터나 묏자리의 명당을 잡아 현세의 복을 비는 술법풍수가 활개를 치기 시작한 것이다.

오늘날에도 풍수는 생활 깊숙이 침투되어 있어서 좋은 집터 혹은 명당 묏자리를 찾기 위해 아낌없는 노력을 하는 사람들이 적지 않다. 그러나 풍수를 신봉하다가 패가망신한 유명인들이 적지 않음을 감안하면 자손발복을 위한 술법풍수는 믿을 것이 못된다.

그런 점에서 풍수는 마음을 평화롭게 해주거나 자연친화적인 환경조건을 연구하는 데 그 역량이 모아져야한다고 생각된다. '행복'은 노력하는 자의 몫이기 때문이다.

종교

절대자에 대한 다양한 믿음

종교란 과학으로 설명하기 힘든 초자연적인 절대자에 대한 믿음을 통해 인간생활의 괴로움을 해결하며, 삶을 긍정적으로 살려고 노력하는 일을 뜻한다. 이때 '절대자'는 보이지 않는 존재일 수도 있고, 오래된 나무, 커다랗고 기묘하게 생긴 바위, 백수의 왕 호랑이나 독수리 따위의 보이는 존재일 수도 있다. 분명한 것은 사람에게 두려움이나 존경심을 불러일으키는 존재가 종교의 탄생 배경이라는 점이다.

인간은 천둥·번개·홍수·산불 등등 자연의 재앙에 대한 두려움으로 일찍부터 태양·불·물·맹수 등을 숭배하였다. 고대 인도인들은 불의 신 아그니를, 이집트인들은 뱀을, 멕시코 아즈텍인들은 태양을, 우리나라 사람들은 곰 또는 호랑이를 신처럼 받들어 모셨다.

하지만 조직사회가 형성되면서부터 나라를 다스리는 국왕이 신 또는 신의 대리인으로서 행세했다. 이때부터 종교는 권력과 동일시되었으며 국왕은 곧 최고성직자이기도 했다. 아울러 국왕은 하느님의 대리자임을 나타내거나 권위를 과시하기 위한 의식을 치렀으니, 이것이 종교 제의(祭儀)의 시작이다. 국왕은 신의 뜻을 빙자해 권력을 행사했고, 백성들의 복종을 끌어냈다.

그러나 점차 불공평한 사회에 대한 반감이 형성되면서 그 요구에 부응하는 새로운 종교가 태어나게 되었다. 새로운 종교는 자연환경에 어울리는 교리(敎理)를 마련해 나감으로써 사람들의 관심을 끌었다. 이를테면 험준한 고산지대에서는 사람들이 모여 살기 힘든 까닭에 개인주의적 성향의 종교가 형성된 데 비해, 평탄한 지역에 살고 있는 사회에서는 많은 사람들이 모여 함께 행복을 기원하는 집단주의적 성향의 종교가 유행하게 되었다.

그런가하면 홍수가 자주 일어나는 지역에서는 강물을 신성시하였고, 예수 그리스도라는 같은 뿌리를 지닌 기독교와 이슬람교는 생명체가 살기 힘든 사막지역의 특성으로 인해 투쟁적·개척적 포교(布敎) 방식을 택함으로써 가장 많은 마찰을 일으키게 되었다. 또한 개인주의 성향의 종교가 힘든 고행을 통한 득도(得道)를 강조하는 것이나, 집단주의적 종교가 고요한 참선(參禪)을 강조하는 것은 모두 지역적 특성과 관련이 깊다고 말할 수 있다.

이러한 신흥 종교는 보이는 존재를 믿었던 기존 종교를 누르고 **빠르게** 사람들의 호응을 얻었다. 신흥 종교세력이 급속히 확산된 것은 무조건적인 복종을 강요하는 기존 종교와는 달리, "욕망을 경계하고 선(善)을 추구하는 사람에게는 내세(來世)에 천국으로 가게 해준다"는 약속과 "악(惡)은 반드시 신에 의해 벌을 받는다"는 공통된 선악관(善惡觀)에 기인했다.

요컨대 어떻게 살아가야 하는가에 대한 가르침을 통해서 사람들에게 올바르게 사는 방법을 일깨워 주었고, 그에 따른 보상으로 죽은 뒤 좋은 세상으로 갈 수 있음을 약속했던 바, 이것이 사람들 마음에 감동을 주었던 것이다.

그렇지만 권력과 하나가 되었던 기존 종교의 저항은 만만치 않았다. 통치자에게 있어 새로운 종교는 새로운 신의 탄생을 의미하고, 자신의 존재를 위협하는 눈엣가시였기 때문이다. 따라서 혹독한 탄압을 하며 새로운 종교 세력의 확산을 막았다. 그러나 탄압은 오히려 신자들을 뭉치게 만드는 구실을 하였고, 다른 사람들의 관심을 촉발하였다. 그 결과 순교자들의 희생을 바탕으로 신도수가 급격히 늘기 일쑤였다.

여러 종교 중에서도 불교·기독교·이슬람교가 특히 많은 사람들에게 영향을 끼쳤는데 오늘날 세계 3대 종교로 손꼽히고 있다.

불교는 기원전 6세기 경 석가국(釋迦國) 왕자로 태어난 석가모니가 출가하여 부처가 된 뒤 많은 사람들을 사로잡았지만, 훨씬 많은 지역과 수많은 사람들에게 영향을 끼친 것은 기원전 4세기 중엽의 일이다. 그리스 세력을 인도 밖으로 몰아내고 통일을 이룬 아소카 왕은 많은 생명을 살상한 정복사업에 대해 뉘우치는 뜻에서 불교를 믿고, 인도 국내는 물론 스리랑카·버마·간다라·카슈미르 및 이집트에까지도 포교승을 파견하여 불교를 전파하였다.

그후 불교는 중국을 거쳐 서기 7세기를 전후하여 우리나라와 일본에 전해졌다. 이때 불교는 그 나라의 지리적·정서적 환경에 맞게 조금씩 변화하였기에 불교라 하더라도 나라마다 약간의 차이가 있게 되었다. 예컨대 산신(山神) 혹은 호랑이를 신처럼 믿던 우리나라의 경우 부처를 모시는 절에 산신령을 같이 모시는 경우가 많았다. 한편, '불교(佛敎)'라는 말은 '불타(佛陀)의 교리'라는 말인데, 불타는 '진실하고 어진 사람'을 의미하는 산스크리트어 '붓다'를 한자(漢字)로 적은 것이다.

　기독교는 불교 탄생으로부터 5백년쯤 뒤에 생겨났으며, 서기 1세기 경에 활동한 나자렛 예수의 생애와 가르침, 죽음에서 유래한 종교이다. 유태인들은 예수를 '그리스도(Christos)'라 불렀는데, 그리스도는 유태인들이 오래 전부터 기다려온 왕·구세주라는 뜻으로서 '메시아(messiah)'의 번역어이다. 그러므로 그리스도교의 출발점은 바로 '예수 그리스도'로서 예수를 하나님의 아들이며, 이 세상의 구원자로 믿는 것을 신앙의 근본 교리로 삼고 있다. '기독교(基督敎)'라는 말은 그리스도교를 소리나는 대로 적은 한자(漢字) 음역(音譯)이다.

　이슬람교는 기독교 탄생으로부터 6백년쯤 뒤인 서기 7세기 초, 마호메트에 의해 탄생했다. 사업가로 성공하여 풍족한 생활을 하던 마호메트는 40세쯤 되었을 때인 610년, 대천사 가브리엘로부터 예언의 말을 들었다. 이후 마호메트는 당시의 다신교(多神敎)는 모두 틀린 것이고, 알라(아랍어로 '신'이라는 뜻)야 말로 천국과 지상의 유일한 창조자라는 결론에 이르렀다. 그는 이 새로운 종교를 이슬람(Islam)이라고 불렀는데, '신에의 복종' 혹은 '잘못을 인정함'을 뜻한다. 또한 그는 자기의 추종자를 '무슬림(Muslim)'이라고 일렀는데 '복종하는 자들'이란 뜻이다.

　이슬람교와 관련하여 흥미로운 것은 낙타이다. 물을 먹지 않은 채 10일간이나 버틸 수 있는 특이한 능력을 지닌 낙타가 인류의 눈에 유용한 동물로 보이기 시작한 것은 기원전 6세기 경이었는데, 페르시아인들에 의하여 이집트와 아라비아 지역에 처음 소개되었다. 낙타는 유목민들의 편리한 교통수단으로 이용되었지만, 이슬람교를 퍼뜨리는데도 결정적 역할을 하였다. 7세기는 이슬람교가 탄생한 시기로서 아라비아의 메카에서 대상(隊商)을 따라다니던 일족이 부와 권력을 쌓아 신흥종교를 퍼뜨리면서 낙타를 앞세워 인근지역을 정복해 나갔으니, 이것이 이슬람 제국의 탄생으로 이어진 것이다.

그리고 종교의 탄생으로 인한 저항과 충돌은 인류 문명에 엄청난 변화를 초래했다. 예를 들면 이전까지 혈연이나 지연에 의해 형성된 국가의 개념이 무너지고 같은 종교를 믿는 사람들을 더욱 많이 확보하기 위한 대립적 국가가 생겨났다. 중세 유럽의 십자군 전쟁이나 15세기 말엽 영국에서 종교의 자유를 찾아 아메리카 대륙에 상륙한 청교도들의 아메리카 원주민 학살은 종교 세력이 충돌한 대표적인 사건이다.

이런 역사적 사실들은 종교에 대한 사람들의 신념과 집착이 얼마나 대단한지 보여주는 사례라 할 수 있다. 하지만 한 가지 알아두어야 할 점이 있다. 바로 종교의 참 의미이다. 즉 자신의 심성을 편안히 하고 좋은 일을 하면서 살기 위한 방법으로 종교를 믿는 것이지, 타인의 희생이나 아픔을 강요하면서까지 종교를 강요해서는 안된다는 것이다. 부처 · 예수 · 알라는 모두 타인에게 피해를 끼치지 않고 착하게 살려고 노력하는 사람의 마음을 사랑하시기 때문이다.

점술

점복으로 여는 새해 아침

점복(占卜)은 고대부터 있었으니, 답답함을 풀고자 하는 인류의 바람에서 비롯되었다. 모든 것이 불확실한 때 점복의 결정은 명쾌한 결단으로 통했고, 문명사회가 형성되면서 통치자 또는 주술사가 신탁(神託)의 표시로 점복을 이용하기 시작했던 것이다.

점복은 기원전 3천년 경 바빌로니아에서 아주 발달하였다. 점을 치는 전문가는 '바루(baru)'라 불리었으며, 일반 서민뿐 아니라 왕들 역시 미래에 관한 조언을 구하기 위해 그들을 찾곤 했다. 바루는 꿈을 해석하거나 동물이나 새의 날개짓 혹은 물에 떨어진 기름방울의 모양새 등을 통해 미래를 예견하였다.

바빌로니아에서 가장 흔히 쓰이는 점술도구는 희생제의에 사용되는 동물의 내장, 특히 간이었다. 간 관찰법이라고 알려진 이 기술은 예술로 발전했다. 간의 각 부위 명칭과 그림이 그려졌으며, 각각의 의미를 나타내는 표시를 갖춘 점토로 된 간 모형이 만들어졌다. 이 기술은 히타이트인과 에트루리아인을 통해 로마로 전해졌다.

고대 로마에서는 고추씨를 불 속에 던져서 그것이 타는 모양을 보고 미래의 비밀을 알아냈다. 현대에도 서양에서는 난롯불이 관(棺) 모양의 불길로 치솟아오르면 그 집안에 곧 초상이 날 징조로 받아들이는 가정이 아직 있다. 로마인들은 양자간 선택을 해야 할 경우에는 동전으로 점을 쳤는데, 황제 얼굴이 있는 앞면이 나오면 긍정적인 뜻으로 해석했다. 이것은 카이사르 시대부터의 일이다.

사람들이 동전 앞면을 긍정의 의미로 해석한 것은 황제의 뜻이 곧 하늘의 뜻이라는 관념에 기인한다. 이 관습은 오늘날에도 남아 있다. 운동 경기를 시작할 때 동전을 공중에 던지며 공격과 수비를 가리는 것을 흔히 볼 수 있는데, 이때 심판은 양쪽 주장에게 head(앞면) or tail(뒷면)을 묻고, 땅에 떨어진 동전이 앞부분을 보이면 그것을 선택한 쪽에게 공격이나 수비를 결정하게 한다.

하지만 대부분의 문화권에서는 뼈를 통해 점치기를 즐겼다. 뼈는 살에 비해 오랜 세월 썩지 않았기 때문에 고대인들에게 매우 신령함 힘이 깃든 물체로 여겨졌던 까닭이다.

영어에 '나는 그걸 확신한다'는 뜻을 "뼛속에서 그것을 느낀다"(I feel it in my bones)고 표현하는 어법이 있다. 이 말은 원시시대의 점쟁이들이 뼈를 가지고 점을 칠 때 하던 말이었다. 이 말은 동물의 뼈를 땅 위에 던지고서 그것이 어떻게 떨어졌는가를 보고 점을 치던 먼 옛날의 풍습에서 생겼으며, 뼈에 영혼이 서려 있다는 믿음에 근거를 두었다. 오스트레일리아 원주민들이 날카로운 뼈다귀나 막대기로 적을 향해 가리키면서 저주를 하는 것도 뼈의 주술성에서 비롯된 풍습이다.

오늘날 서양인들의 '위시본(wishbone)' 풍속도 같은 맥락에서 생겼다. '위시본'이란 소원을 빌 때 사용하는 뼈다귀를 가리키는 말로서, 주로 칠면조 또는 닭 가슴에 있는 V자 형태의 뼈를 지칭한다. 손가락을 걸고 당겨 자른 뒤 소원을 빌기도 하고, 두 사람이 뼈의 양쪽을 잡아당겨 긴 쪽을 차지한 사람이 소원성취한다고 여기기도 한다.

이에 비해 중국인들은 거북 껍질과 짐승의 어깨뼈를 이용하여 신의 뜻을 헤아렸다. 거북은 장수(長壽)를, 어깨뼈는 튼튼함을 상징했기 때문이다. 그들은 껍질이나 뼈에 열을 가하거나 구멍을 뚫어 그때 나타나는 균열을 보고 점을 쳤다. 중국인들은 점의 기록을 껍질에 새겼는데, 이때 그들이 사용한 상징이 한자(漢字)의 최초 형태가 되었다.

옛날 우리 조상들 사이에도 '점치기'가 매우 성행하였다. 다만 우리의 점치기는 농경사회의 특성이 반영되어 대체로 풍년을 기원하는 사회적 관심에서 출발하여 점차 개인적 운명론에 치중되어간 것이 특징이다.

원시사회에 시원을 두고 있는 점치기는 왕조사회에 진입하여 궁정이나 민간에서 널리 행하여졌다. 삼국 시기에 벌써 기상점·동물점·척자점 등이 있었으며, 고려시기에는 식물점·농점·관상점·질병점 등이 늘어났다. 조선시기에 들어서서는 택일점·해몽점·사주점·토정비결 등이 보편화되었다.

기상점이란 하늘과 비바람을 보고 미래를 예측한 것으로, 예를 들어 설날에 북풍이 불면 풍년이 들고 남풍이 불면 흉년이 든다고 하였다. 동물점이란 짐승의 동작을 보고 점을 치는 것으로, 송아지가 울면 농사가 잘 되고, 까치가 울면 좋은 징조이며 까마귀가 지저귀면 병들어 고생한다고 믿었다. 식물점은 보리점이 대표적이다. 입춘날 보리의 뿌리를 캐보아 그 뿌리가 세 갈래로 되어 있으면 풍년이 들고, 두 갈래로 되어 있으면 평년이 들고 한 갈래로 되어 있으면 흉년이 든다고 하였다. 척자점은 문자를 쓴 목찰이나 종이를 던져 나타난 문자를 가지고 점치는 것으로서, 이는 오늘날의 제비뽑기와도 흡사하다. 다시 말하면 가(可)·불,

(不) 또는 선(善)·악(惡) 두 가지 내용의 글자를 써서 점괘를 만들고, 하나를 뽑아 거기에서 얻은 글자에 따라 점치는 방법이다.

그러나 조선 후기 이후 무엇보다도 성행했던 것은 토정비결이다. 토정비결은 혼탁한 사회를 배경으로 하여 탄생하였으며, 역술에 도통하고 기행으로 유명했던 토정 이지함의 이름을 빌려 대중사회에 깊이 파고들었다. 토정비결의 대부분은 긍정적인 암시로 되어 있고, 그나마 부정적인 경우에도 "조심하면 괜찮다"는 내용이므로 점치는 이들의 기분을 상하게 하는 일이 드물며, 오늘날에도 새해 아침이면 여전히 유행하고 있다.

세계 어느 나라를 막론하고 특수한 경우를 제외하고는 대개 새해를 맞이할 때 점을 친다. 한 해가 시작될 때 각별한 마음이 들기 때문이며, 첫 출발이 순조로웠으면 하는 바람에서 비롯된 풍습이다.

중국인들은 사당에 가서 공물과 술을 바치고 향을 태운 다음, 이루고픈 소원을 빌며 '뽀에'라고 부르는 점구(占具)로 신(神)의 뜻을 알아본다. 뽀에 두 개를 던져서, 두 개 모두 평면이 위로 향하면 참 멍청한 소원이라고 신이 웃는 모습이고, 평면이 모두 밑으로 향하면 신이 노하고 있음을 나타내는 것으로 두 모습 다 소원이 거부되었다는 뜻이다. 반면에 평면이 하나는 밑을 향하고 다른 하나는 위를 향하면 '성뽀에'라고 해서 소원한 것이 기꺼이 받아들여졌다는 표시가 된다.

일본인들도 정월 초하루날에는 신사로 참배하러 가서 세전함에 돈을 던지고 한 해의 소망을 기원한다. 참배 후 '오미쿠지'라는 점을 보는데, 여러 가지 길흉이 써진 제비를 뽑는다. 나쁜 운세가 나오면 액땜하기 위해 나뭇가지에 오미쿠지를 묶는다. 또한 '에마(繪馬)'라는 전통도 있다. 말 모양의 나무조각 한쪽면에 자신의 소망을 쓰고 벽에 단다. 욕심이 많은 사람들은 여러 가지 소망을 한꺼번에 쓴다.

그런가하면 티베트에서는 독특한 방법으로 새해의 운수를 점친다.

티베트인들은 한 해의 마지막 날이 되면, 고추 · 흰돌 · 석탄 · 양털 등으로 속을 채운 만두를 만든다. 정초 아침이 되면 팥죽을 먹는데, 팥죽에 있는 만두 속을 보고 그해의 운세를 점친다. 고추는 수다스러움을, 흰돌은 장수를, 석탄은 음흉함을, 양털은 게으름을 상징한다.

우리나라에서는 토정비결 혹은 서양 별점을 많이 보는데, 형태는 현대 기술을 이용하는 경향이 있다. 즉 전문 점술인을 찾아가기보다는 재미삼아 컴퓨터 통신을 이용하여 살펴보는 것이다.

점복은 '원시적인' 사회에서나 '첨단기술의' 현대사회에서도 당당히 유행하고 있다는 점에서, 인간의 의지가 얼마나 나약한가를 반증하는 것이라 결론내릴 수 있다. 막연한 요행수를 바라기보다 치밀한 계획과 꾸준한 노력이 행운으로의 지름길이 아닐까싶다.

새해

희망찬 한 해를 위한 갖가지 출발 풍습

인간이 구분한 작위적 시간개념이건만 세계 어느 문화권 사람들을 막론하고 묵은해를 보내고 새해를 맞는 마음은 각별하다. 우리의 경우 새해 첫날 아침, 온 가족이 조상의 은덕을 기리는 차례를 올리면서 한해의 복을 기원하는 한편 어른들에게 세배를 드리는 아름다운 전통이 누대로 이어져 왔다. 또한 나라마다 조금씩 차이가 있을지언정 짧게는 하루 길게는 보름이 넘게 새해를 맞는 다채로운 축제행사와 놀이가 펼쳐진다.

새해를 맞이하는 자세는 크게 두 가지로 나눌 수 있다. 시끌벅적한 소란스러움과 조용하고 경건한 분위기가 그것이다. 예컨대 스위스는 연말연시가 되면 시끌벅적하고 흥겹지만, 우리나라에서는 비교적 차분한 풍경을 연출한다. 전자의 경우 악한 정령을 물리치고 새롭게 출발하고픈 심리가 그렇게 만든 것이며, 후자의 경우 농사의 시작을 성스럽게 생각하여 겸손한 처신을 중요시여긴 농경사회의 유산이다. 구체적으로

살펴본 세계의 풍속은 다음과 같다.

스위스인들은 유럽에서 가장 흥겨운 새해행사를 벌인다. 섣달 그믐날 밤 청장년 남자들은 6~7명씩 조를 짜서 마을을 도는데, '실베스터 클로이제(새해의 정령)'로 분장한 이들은 집집을 방문해 요들송을 불러 악귀를 쫓아내고 새해의 복을 빌어준다. 가사도 악보도 없는 요들은 조상 대대로 입에서 입으로 전해져 오는 노래로서 알프스의 깊은 산중에 은은히 퍼져 나간다. 이 축제는 아주 오래전에 먹을 것이 없었을 때 맨얼굴로 구걸을 하기 부끄러웠던 사람들이 가면을 쓰고 음식을 구하러 다니면서 유래한 것으로 알려져 있다.

산타클로스의 고향 핀란드도 흥겹기는 마찬가지이다. 섣달 그믐날 밤에는 대체로 레스토랑에 가 저녁식사를 하고 알코올 없는 맥주를 마시며 춤추는 부부가 많다. 10대 청소년들은 마음에 맞는 친구들끼리 어울려 떠들썩한 새해 파티를 부모가 외출한 누군가의 집에서 벌인다. 부모는 부모대로, 자녀는 자녀대로 한껏 즐겁고 신나는 기분으로 새해 첫 새벽을 맞는 것이다.

프랑스인들은 한 해의 마지막날 밤 '레베이용'이라는 밤참을 먹으면서 뜬눈으로 새해 첫시간을 맞이하는 풍속이 있다. 때문에 시내 레스토랑에서 가족끼리 연인끼리 친구끼리 정담을 나누다가 마침내 0시가 되면 지배인이 샴페인을 들고 나타나 "본느 안네!"라는 새해 인사를 외치며 샴페인을 터뜨린다. 그러면 "와"하는 함성과 함께 서로서로 새해를 축하하며 껴안고 키스하고 또 남의 복을 기원하는 덕담을 나눈다.

이렇게 시끄러운 밤을 보낸 뒤의 풍경은 의외로 한산하다. 프랑스의 경우 새해 첫날은 12월 31일의 제야(除夜) 행사를 마친 뒤의 휴식이라는 의미 외에 아무 것도 아닌 까닭이다.

다민족 국가 미국의 새해는 예상외로 조용하다. 수많은 민족 중에서 한국·중국·베트남인들만 명절을 치를 뿐이고, 미국인들은 새해 첫날을 크리스마스부터 시작된 연휴가 끝나는 마지막 휴일로 여겨 조용히 한 해를 설계하기 때문이다. 서양에서는 크리스마스가 워낙 큰 명절이다 보니 새해 첫날은 그냥 묻혀 지나는 것이다.

그런가하면 이스라엘의 새해는 꿀처럼 달콤하다. 사과처럼 둥글고 아름답고 달콤한 한 해가 되기를 바라는 마음으로 사과를 꿀에 찍어 먹는 까닭이다. 유태인들은 명절색인 흰색 계통의 나들이옷 차림으로 유태교회당인 시나고그에 온가족이 함께 다녀오는 풍습도 있다.

설날에 가장 집착하는 민족은 중국인이다. 중국 본토는 물론이고 대만·홍콩·마카오, 동남아시아의 화교들을 비롯하여 전세계 중국인들이 설날을 한 해의 대축제로 여기고 있다. 중국 정부의 공식적인 휴일은 7~9일이지만 실제로는 보름에서 한달 가까이 쉰다. 각지에서 고향까지 찾아오는 교통시간이 3~4일 걸리기도 하는 점을 감안한 관습인 것이다. 서양에서는 음력 설을 '차이니즈 뉴 이어 데이' 라고 부를 정도다.

중국에서 옛부터 새해 첫날은 조상과 신령에게 제사를 지내는 날이었다. 이날 '복(福)' 자를 대문에 붙이는 것은 새로운 한 해에 온 집안이 무사하고 집에 복이 깃들기를 바라는 염원을 나타내는 것이다. 민간에서 유행된 이런 풍속은 송나라 때에 이미 하나의 관행으로 되었다. 청나라 때에는 해마다 정월 초하룻날이 되면, 황제가 대신들을 불러놓고 친히 쓴 '福' 자를 하사하면서, 이것은 복을 주는 것이라고 하였다. 이런 행사는 민간에서 음력설에 '福' 자를 붙이는 습속을 더욱 보급시키는 역할을 하였다. 지금도 음력설이 되면 중국인들은 당연히 '福' 자를 붙인다. 조상과 신령들에게 복을 비는 미신적 내용은 퇴색해졌지만, 행복을 희망하는 의미는 보존되어 있는 것이다.

중국인들은 음식을 통해 새해의 의미를 한껏 되새긴다. 설달 그믐날, 가족이 한 자리에 모여서 통째로 조리한 생선요리와 물만두를 저녁식사로 먹는다. 특히 생선은 반드시 자정이 지나 새해가 되어야 먹는 풍속이 있는데, 이는 '생선을 남긴다(有魚)'는 중국어 발음이 '남음이 있다 (有餘)'와 동일한 데서 비롯되었다. 물만두 역시 그 모양이 청나라에서 사용했던 은화(銀貨)와 유사하기 때문에 재물을 상징한다.

결국 생선 또는 물만두는 재물의 상징이고, 이를 남긴다는 것은 재물을 남겨 새해로 이월한다는 뜻이다. 이는 모두 '돈 버는 것'을 중시하는 중국인의 실리 위주 사고를 잘 반영하고 있다.

이에 비해 우리의 설 풍속은 매우 엄숙하다. 옛날에는 수세(守歲)라 하여 가족들이 모여 섣달 그믐날 밤을 지새는 관습이 있었으나 지금은 찾아보기 힘들다. 새해가 밝으면 대부분의 사람들은 목욕 후에 새옷으로 갈아입는데 이를 '설빔'이라 한다. 조상이나 어른 앞에 깨끗한 마음으로 새해를 맞이하는 뜻을 나타내기 위함이다.

무엇보다 설날의 상징성은 떡국에서 찾을 수 있다. '떡국 차례'라는 말이 있듯이 설날 아침 차례상에 떡국을 올리고 이를 나누어 먹으므로 나이가 한 살 많아진 것으로 여겨왔다. 중국에서는 신년 아침에 국수를 먹는데, 그 의미는 국수가락처럼 길게 오래 살라는 축원이다.

그렇다면 우리는 왜 떡국을 먹는 것일까?

본래 떡은 아무나 아무 때나 먹을 수 있는 음식이 아니었다. 옛날에는 대부분의 사람들이 쌀밥 한 그릇도 어쩌다 먹을 정도로 쌀이 귀했다. 때문에 그런 쌀로 떡을 만들어 먹는 것은 환갑잔치나 명절과 같은 큰 의미가 있는 날에 국한되었다. 즉 설날 아침에 평소 먹기 힘든 고기와 함께 떡을 먹기 위해 고기가 들어간 떡국이 만들어졌으며, 명절 음식으로 정착되었다.

옛문헌 『동국세시기』에는, "속설에 나이를 물을 때 떡국을 몇 그릇 먹었느냐고 묻는 것은 그것이 세찬(세배하러 온 사람에게 대접하는 음식)이기 때문이다"라고 적혀 있다.

조상에게 차례를 지낸 뒤, 젊은 사람은 어른에게 세배를 한다. 가족에게만 하는 것이 아니고, 평소 존경하는 스승이나 어른을 찾아 뵙고 인사를 드리기도 한다. 먼 곳에 사는 친척에게는 대개 정월 15일까지 찾아가 세배를 드리면 예의범절에 어긋나지 않는 것으로 여긴다.

왜 세배를 하는 것일까? 세배의 유래는 삼국시대 이전으로 거슬러 올라가며, 절하는 풍속과 관계가 있다. '절'은 공경의 뜻으로 무릎을 꿇고 몸을 굽혀 고개를 숙이는 우리의 전통적 예의 표현이다. 고구려에는 무릎을 꿇어 절하는 풍습이 있었고, 부여에서도 여럿이 모여 있을 때는 서로 절하는 예절이 있었다. 특히 해마다 정월 초하룻날에는 서로 인사를 나누고 일월신(日月神)에게 절함으로써 한 해의 무사함을 기원하였다.

이것이 세배의 유래라 말할 수 있는데, 무사고 기원이 어느덧 존경을 나타내는 의미로 변하게 된 것이다.

연하장

감사함을 표현하기 위한 인사말씀

연말이 되면 거리는 부산스러워진다. 사람들은 얼굴에 아쉬움과 기대감을 담은 채 무엇인가에 쫓기듯 바삐 걷고, 상점들은 이 선물 저 선물을 사라고 목청을 돋운다. 어느 정도 문명화된 문화권이라면 연말은 사실상 캐럴 혹은 구세군 냄비로부터 시작되며, 연하장을 통해 확실히 '한 해의 종말과 새해의 시작'을 느낀다고 볼 수 있다.

새해를 축복함은 인류의 오랜 습관이다. 달력이야 나라에 따라 다소 차이가 있었지만 어떤 경우라도 한 해의 시작은 매우 중요한 의미가 있는 까닭에 그것을 축하하는 풍습이 유행했다. 예컨대 기원전 3천년 경 고대 이집트에서는 새해 첫날 '행운을 기원하는' 글로 쓴 메시지와 함께 선물을 보내는 관습이 있었다. 이때 인사장을 곁들임으로써 선물의 의미를 증폭시키고 자기의 존재를 부각시키려 했다.

로마인들 역시 1월 1일은 선물을 주고 인사를 하는 때라고 믿었다.

때문에 야누스(Janus : 두 얼굴을 가진 신)가 새겨진 구리로 만든 동전을 주면서 새해의 행운을 기원하곤 했다. 로마 신화에 나오는 야누스는 문을 지키는 수호신으로 시작의 상징성을 지니고 있었다. 야누스 동전은 매우 큰 인기를 끌었기에 나중에 테라코타(적갈색 점토)로 만든 평판(平板)이 등장하기도 했다.

동양의 경우도 마찬가지였다. 중국에서는 춘추시대(BC 770~476년) 때 누구를 방문해서 못 만나면 명함을 놓고 가는 관습이 있었다. 집에 돌아온 주인은 그것을 보고 바로 그 사람을 찾아가는 것이 예의였다. 새해가 되면 특별히 존경하는 어른을 찾아다니며 연하(年賀)라고 적힌 인사장을 드렸는데, 이때의 연하(年賀)에는 '노인의 장수를 축하' 한다는 뜻이 담겨 있었다.

우리나라 조선시대에도 정초 세배를 다니다가 어른이 계시지 않으면 자신의 이름을 적은 종이를 놓고 갔던 세함(歲銜) 풍습이 있었다. 이때 세함은 명함의 성격보다는 연하장의 성격이 더 강했다. 하지만 세함 풍습은 갑자기 사라졌다.

조선 초기의 학자였던 성현은 『용재총화』에 "정초에는 3일간 출근하지 않는다. 다투어 친척과 벗과 동료의 집에 가서 명함을 던져 넣는다. 그런데 근년 이래로 이 풍습이 갑자기 없어졌다. 여기에서도 세상이 변한다는 것을 볼 수 있다"는 기록을 남겼으니, 인사 풍속의 모습은 옛날이나 지금이나 수시로 변함을 알 수 있다.

지금 유행하는 연하장은 서양 풍습이 일반화된 것이라고 할 수 있다. 연하장(年賀狀)이란 '새해의 행복과 건강을 바라며 축하한다는 뜻의 그림이나 글을 담은 편지' 를 의미한다. 즉 정초에 일일이 직접 찾아다니며 인사장을 드리는 것이 우리의 연하장 풍속이다. 반면에 연말에 직접 들고 가지 않고 우편으로 보내는 것은 서구의 카드 풍속이다.

그런데 지금은 어떠한가? 대부분 연말에 우편으로 발송하고 있다. 다

Merry christmas & a happy new year

시 말해 크리스마스카드와 연하장이 뒤섞여서 연말에 인사장을 주고받는 문화가 보편화되어 있는 것이다.

서양의 연하장 유래를 거슬러 올라가면 15세기에 다다른다. 당시 독일에서 동판으로 된 아기 예수의 그림과 함께 복된 새해를 축복하는 문자를 인쇄한 카드가 만들어졌는데, 연하장의 효시인 셈이다. 그러나 이것은 일반화되지 않았다.

사실상 연하장 문화는 18세기 말엽 명함의 유행에서 출발한다고 볼 수 있다. 그 무렵 유럽에서는 자기를 소개하는 명함에 아름다운 그림이나 자기 초상을 그려 넣었으며, 이것이 독일·오스트리아·프랑스 등의 나라에서 미술적인 카드로 여겨지면서 새해에 인사를 가름하는 풍속으로 변모했다.

한편, 19세기 중엽 프랑스에서는 카메라의 발명에 힘입어 대략 가로 6.5cm 세로 10cm 크기의 초상화 명함이 유행했으니, '명함판사진(carte-de-visite)'이란 말은 여기에서 유래되었다.

대중적인 연하장은 1840년대 영국에서 시작됐다. 1843년 런던의 빅토리아 앨버트 박물관에 새로 관장으로 부임한 헨리 콜은 크리스마스 편지를 쓸 시간이 없었기 때문에 크리스마스 카드를 만들 결심을 했다. 그는 편지를 쓰는 대신에 저명한 화가 존 호슬리에게 크리스마스의 장면들을 묘사한 그림을 그려달라고 의뢰했다.

그 당시 호슬리는 3면으로 된 카드를 만들었는데, 카드를 펼쳐들어 양쪽으로는 헐벗고 굶주린 사람을 그렸고, 가운데는 가족이 모여 크리스마스 요리와 케이크, 촛불을 놓고 화목하게 먹는 모습을 그렸다. 또 호슬리는 카드에 '메리 크리스마스 앤드 해피 뉴 이어'라는 축하문구를 써넣음으로써 이후의 유행을 낳았다.

그림엽서가 완성되자, 콜은 그것을 여러 장 복사한 다음 카드에 붙여 친지들에게 보냈다. 콜의 카드는 좋은 반응을 얻었으며, 자신의 문안을 목적으로 보낸 세밀 카드 역사의 시초로 여겨지고 있다. 콜을 위해 만든 호슬리의 작품은 1천여 통이 넘는다고 전한다.

그로부터 3년 뒤, 미국에 무료 우편배달제도가 신설되자 독일에서 이민 온 루이스 프랑이 미국의 크리스마스 카드 산업을 불러일으켰다. 그는 그림 한 장에 17가지 화려한 색채를 입힘으로써 선풍적 인기를 끌었고, 크리스마스 카드 보내기 문화를 유행시키는 데 결정적 역할을 했다. 그리하여 미국에서는 연말마다 크리스마스 카드와 함께 작은 선물을 하는 것이 자연스러운 문화로 형성됐다.

1900년대 초기 미국으로 이민을 간 유태인들은 연말이 되면 팔레스타인 유태인 정착촌에 있는 가난한 친척에게 연하장과 함께 돈을 보내기도 했다. 이후 기독교 문화가 전해지는 곳이면 어김없이 연말에 카드를 보내는 풍속이 같이 전해졌다.

우리나라의 경우, 현재와 같은 형태의 연하장 문화는 구한말 기독교 문화가 들어오면서 본격적으로 시작됐다. 즉 1900년 초 서양 선교사들이 주고받은 서구식 크리스마스 카드가 연하장의 시초였다. 그 뒤 광복과 더불어 진주한 주둔군들의 카드 보내기 문화를 우리나라 사람들이 모방하면서 연하장 보내는 풍속이 급속히 퍼져 나갔다.

흥미로운 것은 한국·일본·중국의 경우 각기 제 나라의 풍속도를 연하장에 사용하고 있으며, 대개 상서로운 그림이나 글을 싣는다는 점이다. 동양에서는 십이지간지에 따른 그 해의 띠를 연하장 그림에 우선적으로 내세우는 것도 독특한 문화라 하겠다.

또한 연하장에는 시대적 유행이 담긴다는 특징이 있다. 이를테면 1920년대 미국에서 인기를 끈 크리스마스 카드는 산타클로스가 전화를 사용해서 인사를 전하는 모습이 그려진 것이었다. 당시 전화는 신기한 물건이자 부유한 사람들의 상징이었던 데서 비롯된 현상이다.

이에 비해 1972년 우리나라에서는 연하우편엽서의 판매촉진을 위해

관제엽서 아래쪽에 복권번호를 기재하고 추첨을 통해 선물을 주기도 했다. 자본주의 물결이 휩쓸고 있는 요즈음 중국에서도 복권을 겸한 연하엽서가 유행하고 있다. 그런가하면 올해는 어느 나라를 막론하고 인터넷 카드가 크게 유행할 조짐을 보이고 있다.

일반적으로 문화에는 주종(主從)이 있다. 쉽게 말해 비율로 비유하면 다수와 소수, 세력으로 말하면 주류와 부류가 그것이다. 전통문화와 외래문화가 충돌하면 반드시 주종관계가 형성되는데, 어느 것이 주도권을 쥐는가는 전적으로 젊은이들의 동향에 달려 있다. 그리고 그런 동향을 주도하는 것은 여론매체, 즉 미디어라고 할 수 있다. 20세기의 연하장 풍속이 연말 카드 보내기로 세계가 일체화된 데에는 매스컴을 장악하고 있는 미국의 힘이 크다.

새해인사 풍속에 있어서, 주인 자리를 연말에 빼앗긴 정초와 크리스마스카드에 빼앗긴 연하장을 생각할 때 어느 것이 좋은지 판단하기는 쉽지 않다. 나름대로 일장일단이 있기 때문이다. 그렇지만 연말에 미리 축하를 받기보다는 새해 아침에 받는 인사가 실제적인 축하의 기분이 강할 것으로 여겨진다는 점만은 분명하다.

하여튼 연하장은 '희망으로 출발하는 새해'의 상징이라 하겠다.

봄맞이

따뜻한 봄을 누리기 위한 민속 풍경

화창한 봄날에 들놀이 나섰는데,
총각 보고 생긋 웃으며 말 건네는 처녀 모습,
꽃나비도 그 사연을 알기나 한 듯,
쌍쌍이 날아드네, 처녀의 머리 위에

청나라 말엽 중국의 문인 왕극창이 읊은 시문으로, 사람들이 교외로 나가 산책을 즐기는 모습을 표현한 것이다. 봄맞이 혹은 봄나들이는 사계절이 있거나 계절 차이가 심한 지역에서 널리 성행하였는데, 이는 지겨운 겨울로부터 해방된 기쁨의 자연스런 분출이었다. 추운 겨울이 가고 따스한 햇볕이 가득 느껴지는 봄이 왔으니 어찌 기쁘지 않을까.

러시아식 봄맞이 행사인 '마슬레니차'는 매년 2월 말이나 3월 초께 시작해 1주일간 계속되는 행사로서, 혹독한 겨울을 견뎌내야 하는 러시아인들의 봄축제로 유명하다. 이 때가 되면 사람들은 지난 6개월 동안 문틈을 막아뒀던 종이를 떼어낸 다음 창문을 활짝 열고 봄공기를 마음껏 호흡한다. 저녁에는 러시아식 밀전병 요리인 블리니를 먹으며 행운을 기원한다. "블리니 먹으러 장모집에 간다"는 말이 있을 정도로 러시아인들은 이 음식을 즐겨먹고 봄의 의미를 한껏 부여한다.

봄의 색깔은 단연 초록이다. 초록은 마음에 안정을 주는 특성이 있으며, 심리학을 공부하지 않은 사람도 자연스럽게 느끼는 현상이다. 일년의 절반을 백야(白夜) 혹은 암흑으로 보내야 하는 북유럽 사람들에게 초록의 의미는 한층 각별하다.

북유럽에서 6월에 성대하게 벌어지는 하지제(夏至祭)는 그런 심리의 반영이다. 북유럽에서는 하지가 작물이 성장하는 기쁨의 봄에 해당하는 까닭에, 하지제를 연중행사 중 가장 중요하게 여긴다. 하지제는 광장이나 문 앞에 '오월주(五月柱)'라는 나무기둥을 세우는 행사로서, 봄의 도래와 함께 풍작 · 행복을 비는 소박한 옛 수목(樹木) 신앙의 유습이다. 스웨덴에서는 '마주스트겐'이라 하는데 비해 독일이나 스위스에서는 '메이폴'이라고 한다.

일례를 들면 스웨덴에서는 해마다 하지 전날에 오월주를 세운다. 많은 시민들이 이 행사에 참가하는데 굵은 자작나무에 장식을 다는 것은 어린이나 여성들의 몫이고, 소리를 지르면서 씩씩하게 기둥을 세우는 것은 남자들이 담당한다. 기둥에는 하트형 또는 십자형의 화초나 초록빛 나뭇잎으로 만든 장식을 단다. 이때 소녀들은 머리에 새 잎이나 꽃으로 장식한 관을 쓰며 그 해의 행운의 기원하기도 한다.

그런가하면 한 · 중 · 일 삼국에서 맞이하는 봄나들이의 의미도 남다르다.

달력에서는 입춘(立春: 양력 2월 4일 경)을 상징적인 봄의 시작으로 여긴다. 24절기에서 첫 번째로 찾아오는 것이 입춘이기 때문이다. 옛날 중국에서는 해마다 입춘이 되면 흙으로 만든 소〔牛〕를 관청의 문 앞에 세우고 붉고 푸른 채찍으로 치는 풍속이 있었는데, 이를 '봄을 친다' 혹은 '만든 소를 친다'고 하였다. 이 풍속에는 겨우내 휴식한 소에게 이제 일할 시간이 되었음을 알리기 위한 뜻이 담겨 있다. 우리의 경우 '입춘대길(立春大吉)'이라는 글씨를 써서 대문에 붙이곤 했다.

하지만 실생활에서는 삼짇날(음력 3월 3일)을 봄의 출발로 삼았다. 강남 갔던 제비가 돌아오는 날이 바로 삼짇날이며, 날씨가 온화하여 꽃이 피기 시작하기 때문이다. 봄바람이 상쾌하고 꽃향기가 좋으니 자연스레 밖으로 나들이하는 풍속이 생겼다.

봄에 들놀이 나가는 풍속은 고대 중국의 불계제(祓禊祭)에서 유래되었다. 춘추시대 때 정나라 사람들은 해마다 3월 3일이 되면 모두 진수·유수 강가에서 '불계' 즉 물가에서 몸을 깨끗이 씻고 상서롭지 못한 것을 없애기 위해 제사를 지냈다. 물로써 질병과 재앙을 씻어 버릴 수 있다고 생각한 데서 비롯된 이 풍속은 한편으로 젊은이들의 공식적인 사랑을 유발하는 행사이기도 했다.

진수·유수 두 강가는 원래 정나라 청춘 남녀들이 사랑을 속삭이던 연애장소였던 까닭에 '불계' 행사 때 젊은이들이 배우자를 찾고 즐기는 의식도 자연스레 형성된 것이다. 그러나 이런 풍속은 세월이 흐르면서 점차 불계 행사는 사라지고 단순히 자연의 흥취를 즐기는 봄놀이로 변하였고, 중국 전역에 널리 퍼졌다. 당나라 때 이르러 봄놀이는 매우 보편화되었는 바 장안 사람들은 이 명절을 몹시 중요하게 여겼다. 두보는 「여인행」이란 시의 첫머리에서 "3월 3일 화창한 봄날에 장안 강가에는 미인들이 수없이 많네"라고 씀으로써 당시 사람들이 강가에서 벌이는 봄놀이 정경을 묘사하였다.

이 풍속이 일본으로 건너가 '히나마쓰리'가 되었다. 일본에서는 3월

立春大吉

3일 히나마쓰리를 치르는데, 여자 아이들을 위하여 집안에 옛날 귀족차림을 한 인형을 장식해놓고 즐기는 행사를 가리키는 말이다. 그 기원은 중국의 불계제이며, 이것이 변형되어 종이인형을 가지고 몸에 문지른 다음 강에 흘려보내면 병에 걸리지 않게 된다는 풍습으로 바뀌고 다시 인형 전시로 바뀐 것이다.

그렇지만 일본인의 봄맞이는 단연 벚꽃놀이다. 일본인들에게 벚꽃은 꽃중의 꽃이며, '사쿠라는 7일'이라는 말처럼 벚꽃은 개화기간이 매우 짧다는 특징이 있다. 흔히들 사쿠라는 피는 아름다움이 아니라 지는 아름다움이라고 말한다. 일본인들은 벚꽃을 보면서 인생의 덧없음과 아름다움의 무상함을 느낀다고까지 한다. 때문에 사무라이나 닌자는 주군을 위해 싸우다 흩날리는 벚꽃처럼 장렬하게 전사하는 것을 최대의 영광으로 생각해왔다.

요즘의 일본인들은 가족이나 직장 동료들과 벚꽃 그늘 아래 자리잡고 함께 노래하고 마시는 '하나미' 풍속을 즐긴다. 하나미는 단순히 꽃을 즐기는 것뿐만 아니라 도시락을 먹거나 술을 마시며 노래를 하는 소풍의 성격이 강하다. 또한 만개한 벚꽃만큼이나 생활도 풍요롭기를 기원하는 마음도 담겨 있다. 낮에 보는 것도 좋지만 조명을 받는 요자쿠라는 요기(妖氣)마저 느끼게 하는 아름다움이 있기에 밤벚꽃놀이가 유행한다. 얌전하기로 소문난 일본인들이 부어라 마셔라 고성방가를 일삼는 것을 볼 수 있는 흔치 않은 날이기도 하다.

우리나라는 사계절이 뚜렷하다고는 하나 절 사이의 경계를 구분하는 일은 쉽지 않다. 그런 까닭에 꽃이 피는 것으로 봄의 시작을 알았다. 호젓한 산기슭에서 고개를 내미는 할미꽃과 들길의 민들레꽃은 스치는 찬바람 속에서도 문득 느껴지는 봄기운을 상징한다.

"나의 살던 고향은 꽃피는 산골, 복숭아꽃 살구꽃 아기진달래" 또는 "나리 나리 개나리"라는 동요에서 알 수 있듯 봄꽃은 가지각색이지만 특히 진달래는 우리 민족에게 사랑 받았던 꽃이다. 진달래는 우리 산야에 아주 흔해서 김소월의 「진달래꽃」을 비롯한 많은 노래와 시에 등장할 뿐만 아니라 화전놀이·화류희(花柳戲) 등의 세시풍속과도 관련이 깊다.

삼짇날 진달래꽃으로 화전(花煎:꽃을 넣어 만든 지짐)을 만들어 먹는 풍속은 아주 멋스러운 행사였다. 이를 '꽃다림'이라고도 하는데, 진달래꽃을 뜯어다가 쌀가루에 반죽하여 만드는 화전은 봄철의 특별한 음식이다. 부드러운 쑥잎을 따서 찹쌀가루에 섞어 쪄먹는 쑥떡도 이날의 별미로, 중국에까지 소문났다.

오늘날 꽃놀이의 원조인 화류희는 구한말 학교운동회라는 새로운 풍속을 낳기도 했다. 1896년 5월 2일 돈암동 삼선평에서 영국인 선교사의 지도로 열린 화류희는 학교운동회의 효시이자 육상경기의 시발점이다.

앞으로도 영원히 봄은 희망의 계절로서 인간에게 초록의 소중함을 느끼게 해줄 것이다.

어버이날 · 어린이날

가족애를 생각하게 만드는 풍속

어버이는 아버지와 어머니를 아울러 이르는 말이다. 어원 '어버'는 아버지의 옛날말 '어비'와 어머니의 옛날말 '어미'가 합쳐지면서 줄어든 것이다. "어버이 효도하며(월인석보)", "어버이 섬김을 정성과 효도로 하라(삼강행실도)"라는 따위와 같이 옛부터 부모 공경은 충의(忠義)과 더불어 매우 중요시된 덕목이다. 같은 맥락에서 '어버이날'이라는 특별한 날이 없었고, 일상생활이 모두 어버이날이나 마찬가지였다.

현재와 같은 어버이날의 유래는 중세 때 '미드렌트 선데이(Mid-Lent Sunday)'로 거슬러 올라간다. 당시 영국 귀족들은 봄철의 어느 주일을 맞아 하루동안 하녀에게 자유를 줘 고향의 가족을 만날 수 있도록 허락했는데, 이때 귀향하는 하녀들은 어머니를 위해 매콤한 맛의 심넬 케이크를 구워갔다고 한다. 이 풍습은 산업화 · 도시화되는 과정에 어느덧 사라졌으나, 대규모 세계전쟁이 가족의 소중함을 일깨워주는 계기가 되어 제2차 대전 이후 영국에서 '마더스 데이(Mother's Day)' 로 부활되었다.

그리하여 오늘날 영국에서는 3월 세번째 혹은 네번째 일요일을 마더스 데이로 정해, 선물 꾸러미와 정성스레 적은 감사 카드를 어머니에게 드리고 있다. 이 날에는 먼 곳으로 출가한 자식들까지 모두 어머니를 찾아보기 위해 이동한다. 우리의 어버이날과 비슷하지만 말 그대로 어머니만을 위한 날이라는 점이 다르며, 자식들이 식사 준비는 물론 설거지와 청소 심지어 빨래까지 하기도 한다.

하지만 오늘날 '어버이날=카네이션' 으로 당연시여기는 것은 미국문화이고, 카네이션이 어머니에 대한 그리움의 상징으로 자리잡은 것은 20세기 이후의 일이다. 1905년 안나라는 여인이 어머니를 추모할 때 생전의 어머니가 가장 좋아하던 카네이션 꽃을 영전에 바친 것이 효시로 알려져 있다. 이후 어머니가 살아계시면 붉은 카네이션을, 돌아가셨으면 하얀 카네이션을 가슴에 달고 어머니의 은혜를 감사하자는 풍속이 생겼는데, 미국 하원은 1914년 정부관리들과 상·하원 의원들이 이 날 하루 카네이션 꽃을 달기로 결의했다.

카네이션의 상징성이 얼마나 강한 지, 1958년 모나코 국왕 레니에 3세가 미국 여배우 그레이스 켈리를 왕비로 맞이했을 때, 국민은 붉은색과 흰색 카네이션으로 환영했을 정도였다. 붉은색과 흰색은 옛부터 모나코 왕가의 색이고, 카네이션은 어머니에 대한 그리움을 상징하는 바, 붉고 흰 카네이션은 켈리를 국모로 환영한다는 의미가 담긴 축하였던 것이다.

오늘날 많은 나라에서 어버이(어머니 혹은 아버지)를 기리지만, 그 풍속은 참으로 다양하다.

미국의 경우는 어머니날과 아버지날이 구분되어 있다. 어머니날은 5

월 두 번째 일요일이고 아버지날은 6월 세 번째 일요일인데, 모두 공휴일이다. 일반적으로 어머니날이 아버지날보다 훨씬 정성스럽게 치러지는 경향이 있다. 미국인들은 일찍부터 핵가족화해 서로 정이 없어 보이지만 어머니날이 되면 멀리서도 시간을 내어 찾아간다.

프랑스의 경우, 5월 네 번째 일요일과 6월 세 번째 일요일을 각각 어머니날과 아버지날로 법제화해 기념하고 있다. 자식들은 이 날 반지나 초콜릿 등을 부모에게 선물하며 저녁을 같이한다. 많은 자식들이 일간지에 1~2단 크기로 "엄마, 아빠 항상 사랑해요"등의 광고를 내는 것도 특징적이다.

일본의 경우는 어머니날과 아버지날이 미국과 똑같지만 공휴일은 아니다.

우리나라의 경우, 1956년 어머니날이 제정되었으나, 아버지들의 섭섭함을 위로하는 차원에서 1973년 〈각종 기념일 등에 관한 규정〉을 제정하고 어버이날(5월 8일)로 바뀌었다.

이상에서 살펴본 바와 같이 선진국들은 대개 봄철중의 일요일 하루씩을 잡아 어머니날·아버지날로 삼고 있다. 어머니?아버지가 좋아하시는 선물을 준비하고 맛있는 음식을 대접해드리는 것도 어느 나라 자식이건 다를 게 없다. 다만 차이가 있다면 아버지날보다 어머니날을 더욱 챙긴다는 점이다. 이것은 아버지보다 더욱 세심히 자식을 보살피는 어머니에 대한 당연한 정서의 반영이라 할 수 있다.

'어린이날'은 현대 핵가족 문화의 산물이라 할 수 있다. 생기는 대로 낳았던 옛날에는 아이를 위한 특별한 날이 따로 없었다. 무사히 한 해를 보낸 것을 축하하는 돌잔치나 만16세가 된 남자아이에게 상투를 틀어 갓을 씌워주는 관례행사는 엄밀히 말해 부모의 마음을 축하하는 날이지 아이의 마음을 즐겁게 해주는 날이 아니었다. 일본에서 3월 3일 여자아이들에게 인형전시를 해주는 '히나마쓰리 행사도 행운을 기원하기 위한 것이지 아이들보고 가지고 놀라는 날이 아니다.

'어린이' 라는 말은 1920년에 방정환이 처음 만들어 썼으며, 방정환이 주도한 색동회에서 1923년 3월 어린이날을 제정하였다. 사실 '어린' 이라는 말은 「훈민정음」 서문 '어린 백성' 에 등장하다시피 '어리다=어리석다' 는 어원을 지니고 있으므로 '어린이=어리석은 사람' 이라는 뜻을 내포하고 있다. 그런데도 방정환은 왜 '어리석은 사람' 이라 표현한 것일까? 그 해답의 실마리는 「훈민정음」 서문의 '어여삐 여겨' 에서 찾을 수 있다. 불쌍히 여기는 동정을 바로 애정의 출발점이라 보았던 것이다. 어린이날은 1956년 공휴일로 정해졌다.

어버이날과 마찬가지로 어린이날도 나라마다 다양한 행태를 보이고 있다.

미국에서 공식적으로 정해놓은 어린이날은 6월 두 번째 일요일이다. 1856년 메사추세츠주 첼시아의 한 교회에서 '어린이를 위한 특별행사' 를 개최한 것이 계기가 됐다고 알려져 있다. 이 날 저녁 가정마다 어린이를 위한 파티가 열리고 부모들은 선물을 건넨다. 그러나 보다 즐거운 어린이를 위한 축제의 날은 10월 31일의 할로윈이라 할 수 있다. 할로윈데이는 아이들이 마음대로 장난치며 온 거리를 밤새도록 쏘다니는 어린이들의 대축제로서, 아이들은 기괴한 복장을 하고 집집마다 다니며 과자를 얻어먹는다.

일본은 5월 5일을 어린이날로 정해놓고 있다. 이 날을 기념하기 위해 전국 마을에서는 4월 하순부터 '고이노보리' 라는 잉어 깃발을 내건다. 잉어가 힘차게 폭포를 거슬러 오르듯 어린이가 씩씩하게 자라기를 기원하는 것이다. 요즘에는 고이노보리를 세우는 풍습이 사라져가고 있으며, 대신 인근 유원지나 위락시설로 나들이가는 게 일반적이다.

중국은 6월 1일이 어린이날로 모든 초등학교가 쉰다. 공원과 각종 놀이기구가 있는 위락시설에서는 어린이들을 무료로 입장시킨다. 대도시

TIMES
mama

에서는 자녀들이 원하는 선물을 사주고 저녁 때 가족이 외식을 즐기는 풍속이 새롭게 자리잡아가고 있다.

영국 · 독일 · 프랑스 등 서유럽 국가들에는 특별히 정해놓은 어린이날이 없다. 그러나 사회나 가정에서 어린이들을 위하는 데는 다른 어느 나라에도 뒤지지 않는다. 어른들은 휴가를 포함한 가족여행이나 파티 계획을 어린이 위주로 짜고, 주말에는 거의 모든 시간을 아이들에게 할애하는 것을 철칙으로 삼고 있다. 1년 365일이 어린이날인 셈이다.

요즈음 우리 문화는 어떠한가. 옛날에는 365일이 어버이날이었다면 지금은 사시사철 어린이날이라도 해도 과언이 아니다. 또 하나 생각할 것은 과거에는 어머니 · 아버지가 부모를 공경하면, 할아버지 · 할머니가 손자 · 손녀를 챙겨주는 '아름다운 삼각관계'가 형성돼 있었는데 지금은 조부모 · 부모 할 것 없이 모두 자식을 우선하는 '수직 이원적 관계'로 변했다는 점이다.

추수감사제

함께 누리는 가을의 풍성함

가을은 농경사회에서 한 해의 노력이 결실을 보는 계절이다. 먹거리 걱정이 없으니 자연 축제가 벌어질 수밖에 없다. 그러나 세상 모든 것에는 임자가 있는 법. 옛 사람들은 하늘님의 소유물인 곡식이나 짐승을 인간이 마음대로 거두거나 포획하면 하늘이 분노한다고 믿었다.

그에 따라 하늘에 감사한 마음을 나타내기 위해 제사를 지내게 됐다. 이때 가장 정성스런 음식으로 예를 표했는데, 햇곡식은 '최초의 수확 곡물'이라는 상징성을 지녔기에 반드시 바쳐야 하는 공물이 되었다. 우리나라의 추석(秋夕)이나 중국의 중추(中秋), 미국의 추수감사절은 그런 관념 아래 생긴 풍속이다.

또한 이때에 별식을 먹음으로써 '기쁨 두 배'를 만끽하는 이벤트가 널리 성행했으니, 우리의 송편과 중국의 월병(月餠), 그리고 미국의 칠면조 요리는 그 대표적인 사례라 할 수 있다.

추석은 우리말로 '한가위'라고 한다. 신라 유리왕 9년에 왕이 두 왕녀로 하여금 부녀자들을 두 패로 나누어 편을 짜서 음력 7월 16일부터 한 달간 길쌈 작업을 하게 하고, 8월 15일 심사한 다음 진 편에서 음식을 마련하여 이긴 편에게 사례하고 온갖 놀이를 한 것이 시초이다.

그런데 왜 오늘날 추석에 송편을 먹을까? '송편(松—)'은 쌀가루를 반죽하여 소를 넣고 모시조개 모양으로 빚어 솔잎을 깔고 찐 떡인데서 비롯된 이름이며, 반달 모양을 하고 있다. 옛날에는 송병(松餅)이라고도 했다. 둥근 보름달 아래서 반달 모양의 떡을 먹는 데에는 '계속 발전'이라는 기원의 뜻이 담겨 있다. 즉 반달이 보름달이 되듯 좋은 일이 더욱 커지고 계속 이어지라는 바램에서 송편을 먹는 것이다.

하지만 중국에서는 당나라 때까지만 해도 '중추'가 명절이 아니었다. 송나라 중엽에야 중추날 밤 대문을 장식하고 술자리를 마련하여 달맞이를 즐겼다. 중국인은 중추절에 둥근 월병(月餅)을 먹는데 여기에는 '보름달 같이 모든 일이 원만하게 해결되기 바란다'는 뜻이 담겨 있다.

월병은 중국에서 '신선과자'라고도 불리며 중국인들은 명절 때마다 먹는다. 여기에는 유래가 있다. 중국이 북송과 남송으로 대치상태에 있을 때의 일이다. 백성들은 잦은 전쟁과 피난살이에 몹시 지친 나머지 평화를 기원하는 별식을 만들어냈다. 추석이면 하늘이 높고 날씨가 상쾌하며 달이 가장 둥근 데 착안하여 보름달처럼 둥근 과자를 먹으며 '인간의 삶이 달처럼 모두 원만하게 둥글기를' 꿈꾸었던 것이다.

오늘날에도 중국인은 설날·대보름날·추석 때 반드시 월병을 먹는다. 달을 바라보며 소원을 빌기는 마찬가지이지만 그 형태가 우리와 다르다는 점이 재미있다. 이런 차이는 중국인이 원(圓)으로 상징되는 완성된 상태를 좋아하는 반면, 우리는 성장으로 상징되는 발전하는 상태를 선호하는 데서 비롯됐다고도 볼 수 있다.

중국에는 한족 외에도 55개에 달하는 소수 민족이 나름대로의 가을

축제를 즐기고 있다. 티베트족은 '왕궈'란 행사를 치른다. 왕궈란 '순회한다'는 뜻이며, 가을철 수확기가 오기 직전 좋은 날을 택해 모든 사람이 논두렁에 줄을 지어 밭을 순회하며 풍년을 기원하는 축제이다.

동북부 지역의 미아오족은 풍년을 축하하기 위해 '간추절'이란 축제를 벌이고 이 날 그네타기를 즐긴다. 한꺼번에 8명이 타는 물레 모양의 큰 그네는 사람의 손에 의해 점점 탄력이 붙어 움직이게 된다. 그네에 탄 사람은 모두 노래를 불러야 하고, 그네줄을 잘못 다루어 갑자기 멈추었을 때는 맨위에 있는 사람이 먼저 선창하고 응원하는 사람이 따라 불러야 한다.

서부 지역의 후이족은 엉덩이 싸움 대회를 벌인다. 붉은 색깔의 천(샅바)을 허리에 동여매고 50㎝ 거리를 두고 상대 선수의 엉덩이를 맞대고 탁 쳐서 상대방의 중심을 무너뜨리는 경기다. 이에 비해 만주족은 가을 추수기가 끝난 뒤 말 뛰어넘기와 낙타 뛰어넘기를 개최한다. 한때 대륙을 호령했던 기마민족의 정서를 여전히 간직하고 있는 것이다.

그런가하면 타이완의 동부 지역에 사는 까오산족은 가을철 밤이 익을 무렵 다람쥐 잡기 민속 경기를 즐긴다. 원래 다람쥐는 영리하고 재빠르기 때문에 잡기가 어렵다. 그러나 까오산족은 옛날 젊은 아가씨한테 구애할 때 자기가 잡은 다람쥐를 선물했다는 시조의 전설 때문에 이 경기를 매우 좋아한다.

미국의 추수감사절도 빼놓을 수 없다. 이 날 미국에서는 '인디언 콘'이라고 부르는 황색종 옥수수로 음식을 만들며, 칠면조 고기를 먹는다. 개척 초기의 미국인들은 겨울을 무사히 넘기는데 옥수수의 큰 도움을 받았다. 그래서 수확철이 되면 경축하는 모임을 가졌는데, 그 축하모임에서 붉은색 알이 달린 옥수수를 발견한 처녀에게는 자신이 선택한 남자에게 키스할 수 있는 특권을 주기도 했다.

또한 이 날 미국인들은 칠면조 요리를 먹는다. 사실 칠면조 고기는 그

다지 맛있는 편이 아니지만 미국인들은 추수감사절에 온 가족이 모여 먹는 풍습을 지키고 있다. 그 유래는 17세기 초엽으로 거슬러 올라간다.

1621년 11월 마지막 목요일 플리머스 식민지의 청교도 이민단 우두머리 윌리엄 브래드퍼드가 첫 수확의 많음을 감사하며, 그 동안의 노고를 위로하는 축제를 3일 동안 열고 근처에 사는 인디언들을 초대하여 초기 개척민들과 어울릴 수 있는 자리를 마련한 것이 시초였다. 이때 청교도들은 야생 칠면조를 붙잡아 구워먹었는데, 그 뒤 추수감사제엔 으레 먹는 음식으로 되었으며, 또한 그 다음 크리스마스, 또는 결혼 피로연 등에서 없어서는 안될 요리로 됐다.

칠면조 고기와 호박파이의 축제라고도 하는 추수감사절은 19세기 말엽까지 뉴잉글랜드 전역에서 하나의 관례적인 축제가 되었고, 전통이 없는 미국인들의 가장 큰 행사로 자리잡았으며, 1863년 링컨 대통령이 공식적으로 국경일로 선포했다. 한편, 오늘날 백악관에서는 칠면조 한 마리를 풀어주는 추수감사절 기념 행사를 가진다. 미국 전역에서 식탁에 오를 칠면조에 대한 익살스러운 조의(弔意) 표시로 마련된 이 행사는 1947년 해리 트루먼 대통령 때 시작됐으며 현재까지 이어지고 있다.

반면에 일본에는 추석이란 명절이 없다. 다만 천황이 즉위할 때 조상 및 천신지기(天神地祇)에게 햇곡식을 바치고 이것을 먹는 오니에노마쓰리(大嘗祭) 의식을 치를 뿐이다.

굳이 비슷한 풍경을 찾자면 '오추겐'이 있다. 타인에게 신세진 것을 반드시 갚는 품성이 강한 일본인들은 7월 15일 손윗사람이나 고마운 사람에게 감사의 마음을 전하기 위해 선물을 보내는데, 이것이 일본판 추석이라 할 수 있다. 이때 선물은 음식이나 일용품이 대부분이다.

앞서 살펴보았듯이 추석은 농작물 풍년에 대한 감사의 표시이자 행복한 마음의 발로이다. 그렇지만 엄밀히 말해 추석은 사계절 1모작 지역의 축제일 뿐이다. 1년 2모작·3모작이 가능하고 과일이 풍부한 아열

대지역에서는 가을축제가 별 의미가 없으며, 추위가 극심한 한대지방에서는 봄맞이에 더 비중을 둔다.

그렇다고 이들에게 음식에 대한 고마운 마음이 없는 것도 아니다. 예컨대 아프리카 부시맨은 짐승 사냥을 하여 단백질을 보충하는데 주로 타조와 산양 등을 잡아먹는다. 돼지 사냥은 그야말로 횡재에 속한다. 돼지를 잡았을 경우 부시맨은 한 가지 특이한 관습을 행한다. 고기를 먹기 전에 비계덩어리를 바위 위에 던져 놓는 것이다. 새나 들짐승이 먹을 수 있도록 하기 위함이며, 마치 우리의 고수레와 비슷한 뜻을 지니고 있다.

흥미롭게도 지구촌의 추수감사제는 계절만 다를 뿐 먹거리가 풍부해진 직후라는 것과 신에게 감사를 나타내기 위해서라는 점에서 우리와 똑같다. 알고 보면 사람사는 사회는 어디나 비슷한 정서를 지니고 있는 것이다.

놀이

즐거움을 얻기 위한 세계의 풍속

놀이란 '즐거움을 얻기 위해 자발적으로 하는 활동'을 뜻하는데, 확실히 놀이는 휴식이나 즐거움의 분위기를 가져다준다. 다른 한편에서 놀이는 '비생산적인 시간'을 의미한다. 사실 놀이는 아무 것도 생산하지 않는다. 도박의 경우도 예외는 아니다. 이런 놀이는 단지 부(富)의 위치만을 바꿀 뿐이다. 이런 양면성 때문에 놀이문화는 오랜 세월 정당한 대접을 받지 못했다.

놀이 문화의 기원은 고대로 거슬러 올라가지만 그 양식이나 방법은 현재와 큰 차이가 있었다. 초기에는 생산을 증대시키는 주술적인 사고 방식에 의해 놀이가 행해졌으며, 이런 행위는 신에게 소원을 빌거나 신의 의향을 묻는 점복이었다.

오늘날 미개사회에서 볼 수 있는 집단적 춤이나 가면극은 원시사회의 놀이를 짐작케 해주는 흔적이라 할 수 있다. 또한 파라오시대 이집트 묘지 속에는 체스와 비슷한 놀이판이 그려져 있는데, 그것은 내세(來世)의 운명을 걸고서 저승의 신과 한판 두는 운명의 경기였다.

초기 문명사회에서도 놀이는 사회적 목적을 가진 의식으로 행해졌다. 지배자를 가리기 위해 힘겨루기를 했던 것이 레슬링이나 권투로 발전했고, 이것은 집단간의 분쟁을 사전에 조정하는 방법으로도 행해졌다. 즉 부족간에 갈등이 있을 때 각기 선수들을 내보내어 특정한 경기를 겨루었으며 승자에게 패자가 양보하였던 것이다. 이때의 경기는 부족민 전체에게, 특히 승리한 부족에게 스트레스를 확실히 풀어주는 놀이문화였던 셈이다.

고대국가가 성립되면서 귀족사회를 중심으로 하여 왕조풍(王朝風)의 놀이가 생겼다. 계급과 신분의 분화에 따라 지배층에 여가가 생기고 이제까지 주술적인 경기나 놀이는 국가적인 제전으로 형식화되는 동시에, 한편으로 귀족의 취미생활로 순화되기 시작했다. 그리하여 야외 스포츠나 실내 오락이 여가 계급문화로서의 새로운 형태를 갖추었다.

아울러 두뇌 우열을 겨루는 체스·장기와 같은 놀이도 생겼다. 그리스 도자기에는 기원전 530년 트로이 전쟁 중 잠깐 생긴 여가시간에 체스를 즐기는 무장(武將) 아킬레스와 아쟈크스의 모습이 그려져 있다.

기원전 5세기 경 그리스에서는 귀족 여성들 사이에 공기놀이가 유행하였다. 이때의 공기는 조약돌이나 동물뼈 조각으로 만든 것이었다. 그리스 시인 아리스토파네스는 귀족층 여자아이들에게 제일 어울리는 놀이라고 추천하기도 했다. 이 공기놀이는 로마인에게 전수되었으며, 로마시대의 귀부인들은 공기놀이로 내기를 하면서 시간을 보냈다.

상류계급 청년들은 힘겨운 경쟁 스포츠는 피하고 호사스럽게 차린 승마나 사냥을 즐겼다. 사육에 경비가 많이 드는 승마 스포츠는 귀족들만의 오락이었고, 사냥은 어느 왕조를 막론하고 국왕이나 영주 등이 남성미를 과시하기 위해 즐긴 스포츠였다.

아이들은 장난감을 갖고 놀았는데, 그것은 어른들이 더 좋은 놀이감을 찾았을 때 버린 물건이었다. 예컨대 각종 무기류나 고무총은 어른들의 흉내인 동시에 어른들이 새로운 무기를 발명하면서 그 모조품으로 만들어준 물건이었다. 팽이도 처음에는 주술의 도구였으나 주술성이 사라지면서 아이들의 장난감이 되었다. 요컨대 질이 떨어지면서 놀이가 되었던 것이다. 연날리기도 주술성이 사라진 중세 이후에 어린이들의 놀이가 되었다.

일반 백성들은 놀이를 즐길 수 없었다. 농사일에 바쁜 농부에게 스포츠는 '배부른 소리'였을 뿐이다. 어쩌다 쉬는 날이면 빈 들판이나 공터에서 공을 가지고 여러 사람이 단체경기를 즐기는 게 고작이었다.

우리나라의 경우 명절에 한해 편싸움이나 줄다리기를 행했는데, 이것은 실상 농경과 관계된 생산 주술이었다. 즉 대보름날 패를 갈라 돌을 던지며 피를 보게끔 공방전을 벌이는 편싸움이나, 빗줄기를 상징하는 줄을 잡아당기는 줄다리기는 모두 한 해의 농사를 앞두고 비〔雨〕를 기원하는 풍속이었던 것이다.

근대 스포츠의 시초는 중세에서 싹텄다. 15세기 경 르네상스의 영향으로 이전과는 다른 새로운 인간과 인간정신이 '삶의 질'에 눈뜨게 만든 것이다. 이 무렵 이탈리아는 체육의 산실이었고, 이탈리아인이 쓴 각종 교습서는 유럽 각국에 널리 전파되었다. 페데리코 그리소가 나폴리에 최초의 승마학교를 설립하여 마술(馬術) 지도방법을 체계화하였으며, 검술(劍術)과 각종 공놀이에 관한 교습서도 이탈리아에서 대부분 만들어졌다.

그러나 놀이문화는 종교적 이유로 인해 쉽게 정착되지 못했다. 캘빈주의자, 특히 퓨리턴은 근로를 신성시하고 오락을 용서치 못할 낭비로 규정했다. 미국에서는 1647년 퓨리턴 회의에서 크리스마스 축제도 금

지할 것을 결의하고 놀이를 즐기는 자에게는 벌금을 부과했다.

그런데 흥미롭게도 왕조는 항상 스포츠의 편이었다. 16세기 전반에 영국의 헨리 8세는 '스포츠 만능'이라 불릴 만큼 각종 스포츠를 장려했으며 몸소 즐겼다. 제임스 1세와 찰스 1세는 각기 〈스포츠 교서〉를 내려 퓨리턴적인 금욕주의에 정면으로 도전했다.

본격적인 스포츠는 19세기 들어 유행하기 시작했다. 이때서야 비로소 민중들에게 '남는 시간'이 아닌 '자유시간'이라는 개념으로서의 여가문화가 탄생했던 것이다. 대중의 놀이문화는 산업혁명에 의해 그 물꼬가 터졌다. 일정한 시간 일하고 일정한 시간을 쉬는 근무제도는 노동자들에게 '노동과 여가의 분리'를 생각하게끔 만들었다. 그리하여 선술집과 공연예술, 스포츠, 여행 등의 여가양식이 생겼다.

선술집은 저항의 공간이었다. 가혹한 노동조건 하에서 누릴 수 있는 최소한의 휴식장소로 술집은 더없이 좋은 장소였다. 때문에 퇴근한 뒤 북적거리는 선술집은 언제나 노동자들로 만원을 이루었다.

공연예술의 경우 상업성에 중점을 둔 서커스가 서민들의 큰 호응을 얻었다. 다양한 재주의 말타기가 주된 레퍼토리였으며, 점차 코끼리·호랑이·곰 등이 묘기를 펼치는 등 볼거리가 다양해졌다. 대중연극을 하는 단체도 여기저기 생겼고, 뒤이어 영화관이 선풍적인 인기를 끌었다.

스포츠의 경우 난폭성과 야만성이 제거되면서 근대 스포츠로 대중화되었다. 예컨대 유럽의 농민들이 즐긴 초기의 풋볼은 손으로 던지고 발로 차는 방식이었으나 이 무렵 여러 규칙이 마련되면서 럭비와 축구, 그리고 미식축구로 세분화되었다.

여행은 공간적 이동 행위인 만큼 교통기술의 발달에 맞춰 정착되었다. 초기에는 귀족 중심의 배 여행이 이루어졌으나, 철도 교통이 발달하면서 일반 민중을 대상으로 한 관광여행이 탄생하였다. 바닷가 여행은 전적으로 철도 건설에 힘입어 등장한 놀이문화였다. 옛날에는 꿈도 꾸지 못했던 일이었으나, 물자 운송을 목적으로 항구까지 건설된 기차역 덕분에 서민들이 주말 나들이로 바다를 볼 수 있게끔 되었던 것이다.

오늘날 놀이문화는 매우 다양한 것처럼 보이지만, 그 용도로 볼 때 '쉬고' '보고' '하는' 세 가지로 나눌 수 있다. 그런데 기계문명이 더욱 발달하고 텔레비전이 일상화되면서 '하는' 놀이문화는 쇠퇴하고 '보는' 놀이문화가 극성을 부리고 있다.

심지어 현대인들이 즐기는 각종 놀이기구도 스스로 움직이는 것이 아니라 빠른 스피드에 몸을 맡기고 자극적인 쾌감을 즐기는 형태일 뿐이다. 아이들도 땅 위에서 뛰면서 놀기보다는 전자오락에 빠지기 일쑤다. 1960년 경 영국의 문명비평가인 헐버트 리드 경은 미래사회에 대해 다음과 같이 예견하였다.

"텔레비전 스포츠와 오락 프로그램의 증가가 인간의 체력을 쇠약하게 만들고 정신을 퇴폐시킬 것이다."

겨울철 놀이

추위를 이겨낸 활기찬 지혜들

겨울은 대부분의 생물에게 있어 '어둠의 계절'이다. 식물이나 동물 모두 잔뜩 몸을 웅크린 채 어서 봄이 오기만을 기다린다. 인간에게도 겨울은 그리 반가운 시절이 아니다. 먹거리를 구하기 어려울 뿐만 아니라 나들이에도 불편하기 때문이다. 그러나 사람들은 불모의 겨울을 '충전의 시간'으로 활용하는 지혜를 발휘하였으니, 겨울철 놀이가 그것이다. 겨울에 농한기의 무료함을 달래고 체력을 유지하기 위해 여러 놀이가 거행되었으며, 지역에 따라서는 축제화되기까지 했다.

신체적 단련을 수반한 놀이는 어린아이들이 덩굴식물에 매달려 놀던 석기시대부터 비롯됐다고 여겨지지만, 문명사회에서는 어른들의 행위를 모방하는 것이 곧 아이들의 놀이로 통했다. 어른들이 사냥하는 것을 보고 아이들이 '새총놀이'를 했고, 도둑 잡는 것을 보고 '술래잡기'

를 했던 것이다. 그 외에도 수많은 놀이가 생겼는데 대부분 겨울에 탄생했다.

겨울철 놀이로는 술래잡기·연날리기·팽이치기·돌차기·널뛰기·썰매·스케이트·스키·얼음축제·온천욕 등이 널리 성행했다. 곳에 따라 조금 차이가 있을지언정 대부분 실내가 아닌 바깥에서 행해졌다는 공통점이 있다.

술래잡기란 술래를 찾는 놀이를 일컫는 말이다. '술래'는 오늘날의 경찰에 해당되는 '순라(巡邏)'가 변한 말로서, 순라 → 술라 → 술래로 전와되는 과정에 '숨는 아이'를 술래라 칭하게 되었다. 묘하게도 술래잡기 놀이는 세계 여러 나라에서 보인다. 일본의 경우 '오니곡코'라는 놀이가 17세기부터 있었다. 술래를 뜻하는 '오니(鬼)'에서 유래된 명칭이다. 우리와 달리 일본의 술래는 어린이를 해치는 나쁜 존재로, 도망 다니는 아이를 쫓아가서 잡는다. 중국에서도 '미장(迷藏)'이라고 하는 놀이가 일찍부터 있었다.

서양에도 악귀를 쫓는 의식에서 발달된 술래잡기가 있다. 고대 신앙에서 유래된 'He'라고 하는 놀이가 그것이다. 술래 역할의 악마를 '히'라고 부르며 아이들을 쫓아가는데, 쫓긴 아이들이 철(鐵)이나 나무에 손을 대고 있으면 술래는 그 아이를 잡지 못한다. 철은 악령을 물리치고 나무는 기독교에서 십자가를 뜻하기 때문이다. 영국에서는 이 놀이를 숨고 찾기(hide and seek)라고 말한다.

흥미로운 것은 서양에서 술래의 개념은 우리와 반대라는 점이다. 많은 사람이 한 사람 혹은 서너 명의 술래를 쫓아간다. 이것은 "악마는 음울한 겨울철에 많이 돌아다니기 때문에 힘을 합하여 물리쳐야 된다"는 관념에 기인한 것이다.

연날리기는 바람을 이용한 겨울철 놀이다. 연은 연락수단의 하나로 이용되기도 했으며, 나라마다 모양새와 크기가 다르다. 우리나라 연은

대체로 직사각형의 방패연인데, 연 가운데를 둥글게 오려내어 바람 구멍을 만드는 것이 특징이다. 일본의 방패연에는 바람 구멍이 없고 대신 사각형 밑에 종이로 만든 다리를 두 개 붙인다. 일본에서는 주로 설날 때 민속놀이로 연날리기를 즐긴다. 또한 우리의 경우 연에 태극 문양을 그리는데 비해, 일본에서는 주로 험악한 표정의 무사 얼굴을 그려 넣어 액운을 쫓으려 하는 차이가 있다.

우리나라 팽이놀이는 원추(圓錐)형으로 깎은 나무팽이를 끈(채찍)으로 후려쳐 가면서 돌리는 놀이다. 주로 겨울에 많이 놀며, 얼음 위에서도 한다. 팽이는 고려시대에 한국에서 일본으로 전해졌다. 17세기만 해도 일본에서는 우리나라 팽이로 놀았다고 한다. 이후 일본은 19세기를 전후하여 팽이를 줄에 감아 던지는 '줄팽이'를 만들었고, 이것이 거꾸로 우리나라에 수입되어 지금은 줄팽이가 주류를 이루고 있다.

땅에 도형을 그리고 납작한 돌을 앙감질(한 발은 들고 한 발로만 뛰어가는 짓)로 차서 하는 돌차기 놀이는 서양에서 일본에 들어와 19세기 말에 유행·보급되었고 우리나라에는 일제시대 때 전해졌다.

널뛰기는 조선시대에 성행했다. "널뛰기를 하면 그 해는 발바닥에 가시가 들지 않는다"라는 말이 있을 만큼 널뛰기는 활동적인 놀이로서 여성에게 사랑받았다. 이 놀이는 우리 고유의 것이지만 옛날 유구(琉球) 왕국이었던 일본 남쪽 땅 오키나와에서도 비슷한 놀이가 있었다. 거기서는 널뛰기를 판무희(板舞戱)라고 부른다. 널빤지 위에서 춤을 춘다고 부르는 이름이다.

그렇지만 겨울철 놀이의 진수는 얼음 위에서 노는 것이다.

스케이팅은 서기 10세기 경 스웨덴 사람들이 겨울철에 쇠날 박은 구두를 신고 얼어붙은 섬과 섬 사이를 건너다녔던 것이 효시다. 스케이팅은 그 후 북유럽 전체로 퍼지고 미국·러시아 등지로 전파되었으며, 18세기 초엽 독일에서는 천연 스케이트장 주변에 간이매점까지 등장할 정도로 스케이팅을 즐기는 사람들이 급격히 늘어났다. 대문호 괴테는 달빛 아래서는 항상 얼음을 지칠 정도의 애호가였다고 전한다.

19세기 말엽 스케이팅은 혼자 즐기는 것이 아니라 주로 짝지어 다니는 것이 일반적이었으며, 스케이팅을 통해 데이트를 하는 남녀도 적지 않았다. 미국에서는 가족들이 정장을 차려 입고 스케이팅 타기를 즐겼는데, 언뜻 이것은 실용성을 중시하는 미국인의 성품과 어울리지 않는 듯 보인다. 하지만 간소복이나 운동복을 입지 않은 것은 그때까지만 하더라도 운동복이라는 개념이 형성되지 않았던 데 이유가 있을 뿐이다.

요즈음 급격히 인기가 올라간 스키는 기원전 2천년 경 북유럽의 교통수단에서 비롯되었다. 초기의 스키는 날이 짧고 넓어서, 길고 좁은 오늘날의 스키보다는 오히려 눈 속에 빠지지 않도록 덧신는 눈신과 더 비슷했다. 1860년 경 노르웨이의 노르그헤임은 날이 안으로 구부러진 스키를 만들었는데, 이것이 근대 스키의 원형이 되었다.

우리나라도 역시 유럽과 같은 동기에 의해 스키가 발달했으며, 함경도에서는 '썰매'라고 불렀다. 스키보다 길이가 짧아서 삼림지대에서는 활동하기가 매우 편리하였다. 눈이 많이 내리는 함경도 지방에서는 눈 위의 교통용구 또는 수렵용으로 집집마다 준비되어 있었고, "깊은 산 호랑이도 썰매꾼을 보면 운다"라는 말이 있을 정도로 날렵한 이동수단으로 애용되었다. 서양식 스키장은 1920년대 말엽에 처음 선보였고, 1927년 1월 원산에서 강습회가 처음 열렸다.

얼음 위를 신나게 지치는 썰매는 본래 작은 물건을 실어 나르는 '설마(雪馬)'가 와전된 말이다. 설마는 조선시대의 건축공사에 널리 사용되었다. 16세기 말의 화성 성곽 공사에도 설마 9틀이 사용되었고, 17세기의 창경궁 재건공사에서도 설마가 사용되었다. 그러던 것이 '썰매'라는 이름으로 와전되면서 어린이들이 겨울철에 비탈진 눈길이나 얼음판 위에서 즐기는 놀이를 가리키는 명칭이 되었다.

썰매는 '얼음축제'의 홍보수단으로도 활용되었다. 19세기 말엽부터 20세기 초엽에 러시아·캐나다·미국 등지에서 얼음으로 조각한 궁전이 겨울철 볼거리로 큰 인기를 끌었는데, 이때 주최측은 길다란 눈썰매장을 개장하여 가족 나들이로 적당한 곳임을 적극 알렸던 것이다. 처음에는 한 명씩 타는 1열 눈썰매장이 개장되었으나, 선풍적 인기에 힘입어 5명이 한꺼번에 출발할 수 5열 횡대 눈썰매장이 등장하였다.

마지막으로 온천을 빼놓을 수 없다. 여유있는 사람들의 일이었던 온천은 치유와 휴식이 목적이었다. 별다른 의약품이 없었던 시절 온천은 상당히 높은 치료 효과를 보였으며, 여러 질병에 시달렸던 베토벤과 쇼팽도 겨울이 되면 온천을 자주 찾았다. 온천은 때로 쾌락의 장소로 이용되기도 했으니, 중세 서양에서는 불륜에 빠진 남녀의 섹스를 위한 장소로 온천이 꼽혔다. 타락한 사람들에게 온천은 가장 좋은 놀이였던 셈이다.

휴가

두 걸음 전진을 위한 한 걸음 쉬기

"**만일 사람이 항상 심각하기만을 고집하고,** 자신에게 재미나 휴식을 조금도 허용하지 않는다면, 그는 알지 못하는 사이에 미치거나 불안해질 것이다." (헤로도토스)

'휴가(休暇)' 란 (개인이) 근무를 일정한 기간 쉬는 일을 가리키는 말이다. 정해진 날을 국민 모두가 쉬는 휴일(休日)과는 조금 다른 개념이지만, 대체로 휴가와 휴일을 구별짓지 않는 경향이 있다. 예컨대 미국과 일본은 주중의 공휴일을 월요일로 옮겨 토·일·월 3일 연휴로 쉬게끔 한다. 프랑스의 경우, 하루 건너 휴일의 중간에 낀 평일도 휴일로 만들어 3일 연휴를 지낸다. 이를 '퐁(pont: 교량)휴일' 이라고 부른다. 국민에게는 연휴를 늘려 확실한 휴가를 누릴 수 있게 하는 것이며, 다른 한편으로는 행락객·소비증가 등 경제 전반에 파급효과를 거두기 위함이다.

바캉스
지중해
바가지

이에 비해 우리의 공휴일은 역사 중심이고 날짜 붙박이라는 차이점이 있다. 역사적 상처가 많은 나라일수록 역사중심의 공휴일이 많다는 특징을 감안해야겠지만, 제도를 위한 제도보다 사람을 위한 제도가 아쉬운 대목이다.

휴가는 사실 문명사회의 시작과 더불어 생긴 개념이다. 부족사회 이전에는 사냥과 식사가 일과의 전부였지만, 조직체계가 마련된 뒤에는 사회기능 때문에 마음대로 쉬지 못하게끔 되었던 것이다. 따라서 이때부터 휴가는 모든 사람에게 매우 특별한 혜택으로 여겨졌고, 통치자는 그것을 적절히 활용했다. 고대 전쟁에서 승리를 거둔 병사들에게 며칠간 쉬게끔 한 것이나, 국왕이 큰 공로를 세운 신하에게 거액의 포상금을 내려 마음껏 먹고 놀 수 있게 한 것 등이 그런 사례들이다.

전통적으로 우리 사회에서는 삼짇날·단오 등 절기 중심의 휴가문화를 즐겼다. 비록 하루 나들이라는 짧은 겨를에 불과했지만 계절의 풍취를 즐기고 기분전환을 하기에는 그런 대로 괜찮았을 터이다.

관료체제가 정비된 고려시대 관리들은 매월 초하루날과 초파일·15일·23일 절기드는 날(立節日) 하루 등 매달 7~8일 주기로 돌아오는 휴가 이외 27건의 특별휴가를 즐겼다. 27건이란 요즈음의 공휴일에 해당하는 것으로 입춘·춘분·칠석·입추 등 하루를 쉴 수 있는 휴가 18건, 정월대보름·한식·하지·삼복 등 3일을 쉴 수 있는 휴가 7건, 정초·납향 등 7일을 쉴 수 있는 휴가가 2건이었다.

조선시대 사람들도 고려와 비슷한 휴가를 즐겼는데, 차이가 있다면 노비들에게도 휴가를 줬다는 점이다. 여자 노비에게 준 80일의 출산휴가가 그것이다. 이때 그 남편에게도 보름 동안의 휴가를 주었으니, 아기는 태어나자마자 '고난한' 부모에게 '감미로운' 혜택을 준 셈이다.

이에 비해 오늘날에는 여름에 집중하여 4~7일 피서(避暑)가는 것이 휴가문화의 전형으로 자리잡고 있다. 대부분의 기업들은 '하계휴양비'

명목으로 여름 휴가기간에 맞춰 보너스를 지급하고, 상인들은 7월 말~8월 초에 집단적으로 휴업을 한다. 해수욕장이나 계곡은 사람들로 만원을 이루고 언제나 피서지 바가지요금으로 시끌벅적하다.

'피서'라는 말은 2천년 전 중국의 반고(班固)가 부채를 주제로 한 시에서 처음 언급했듯이, 문자 그대로 있는 곳을 옮기어(署) '더위〔暑〕를 피(避)한다'는 뜻이다. 그렇지만 현재의 우리 휴가문화는 더위를 피한다기보다 더위와 맞싸우는 행태를 보이고 있으니, 차분히 한 번 우리 휴가문화를 점검해 볼 필요가 있다.

다른 나라들은 어떠할까? 각 나라 국민은 나름대로의 특징을 가진 휴가문화를 지니고 있다.

바캉스라는 말이 프랑스에서 나온 것처럼 프랑스 국민은 여름휴가를 특히 중요시한다. 대통령을 비롯하여 서민에 이르기까지 연간 4주 가량 휴가를 쓰는데 '7월족(族)' '8월족'이라는 말이 있을 정도로 7~8월에 집중하여 남부 지중해 해변 등지로 휴가를 떠난다.

프랑스인들은 휴가 중 여러 곳을 다니기보다 어느 한 곳에 머물러 휴식을 취하고 독서 등을 하며 재충전의 기회로 삼는다. 그런 까닭에 여름철 파리 시내에서는 프랑스인을 찾기 힘들고 외국 관광객과 주인이 버린 개들로 넘쳐난다는 우스개말도 생겼다.

미국인의 대부분은 가까운 산과 바다에 다녀오는 것이 일반적이다. 별장을 이용하거나 RV라 불리는 휴양차를 이용하여 강변에 마련된 캠핑촌에서 휴식을 취한다. 다소 경제력이 있는 사람들은 유럽 여행에 나서거나 알래스카 호화유람선을 즐기며, 미국 대통령의 경우 휴가를 적극 챙긴다. 역대 대통령 중 조지 부시는 '휴가광'이라 불려질 정도로 정해진 휴가 스케줄을 취소한 적이 없다. 언론들도 대통령에게 과중한 스트레스를 벗어날 시간이 필요하다고 인정하고 있다.

한해 30여일간 휴가를 보내는 영국인들은 70% 이상이 유럽 대륙 등

해외로 여행을 한다. 비용이 싼 기간과 장소 등을 골라 계획을 세우기 때문에 "영국인의 여름휴가는 1년 전부터 시작된다"라는 말이 나올 정도다.

치밀한 성격의 독일인들도 최소 1년 전에 계획을 세우고 6개월 전에 교통편과 숙박지를 예약한다. 우리 이웃나라 일본인들은 '휴가=여행'이라는 생각을 갖고 있으며, 직장 친구끼리 어울려 해외여행을 하는 경우가 많다. 영국과 일본은 섬나라라는 특성 때문에 다른 나라로의 여행을 즐기면서도 검소한 씀씀이라는 공통점을 보여주고 있다.

이렇듯 선진국은 정부에서 여유로운 휴가기간을 철저히 보장해준다. 따라서 국민은 진정한 휴식시간을 즐길 수 있다. 반면에 우리는 짧은 일정 때문에 도망가듯 갔다가 쫓기듯 돌아오기 일쑤다. 알찬 휴가계획을 세우고 실천하는 사람이 있다면 그는 비교적 나은 근무환경을 지녔다고 단언할 수 있을 정도로 우리의 휴가문화는 참으로 열악하다.

휴가는 단지 노는 시간이 아니다. 휴가는 뜻밖의 성공을 불러오는 계기가 될 수도 있다. 미국의 제임스 리티는 휴가 여행 중에 금전등록기를 착상해 냈으며, 조지 이스트먼은 코닥 카메라를 만들어 거부가 되었다. 그런가하면 이탈리아의 마르코니는 과학잡지를 피서용품에 챙겼다가 휴가지에서 무선통신의 아이디어를 건져냈다.

바꿔 말하자면 적극적인 사고를 지닌 사람들에게는 휴가가 완전한 휴식이 될 수 없음을 뜻하기도 하지만, 어찌됐든 휴가가 단순한 휴식이 아니라 재충전의 보약임을 증명하는 사례라 할 수 있다.

그렇다면 휴가기간은 얼마가 적당할까. 직업이나 근무환경에 따라 차이가 많겠지만 한 달을 넘기지 않는 것이 바람직하다고 한다. 일본의 문학평론가 토쿠토미 소호오가 말했듯이 "잠자는 것은 일어나기 위함이며, 휴식하는 것은 일하기 위함"이기 때문이다. 그리스의 시인 호메로스도 "너무 지나친 휴식은 고통이 된다"라고 갈파한 바 있다.

그러나 우리 사회의 현실은 한 달은커녕 일주일도 마음 놓고 쉬지 못하는 실정이다. 공무원들은 덜 하지만, 일반 회사에 다니는 사람들은 그나마 보장된 휴가도 눈치보아가며 신청한다. 상인들은 사실상 연중무휴로 일하고, 일용직 노동자들은 일하고 싶은 데 노는 경우가 많다. 심지어는 과로사로 순직하는 직장인도 드물지 않다. 이런 현실 속에서 선진국처럼 한 달짜리 휴가는 그림 속의 떡이나 다름없고, 메뚜기떼처럼 몰려다니는 휴가문화에 변화가 생길 여지는 매우 적다.

휴가가 진정한 재충전의 시간이 되려면, 몇 달 전에 계획을 세우고 약속이 지켜지는 직장 분위기가 먼저 조성돼야 한다. 그렇지 못하면 충전이 아니라 에너지 소비의 휴가문화가 되풀이될 것이다.

레저

쾌감을 동반하는 상쾌한 놀음

"**한때 주간지가 판을 치던 시절이 있었다.** 저속하다고 면박을 받으면서도 날개를 단 듯 깊은 시골까지 파고들던 주간지. 그 주간지의 붐이 멈칫하며 퇴조를 보이는가 싶더니 어느새 다른 유(類)의 잡지들이 모습을 드러내기 시작했다. 이른바 취미·오락·레저류의 잡지들. 한결같이 알록달록한 표지로 치장을 하고 고객을 다투어 부르고 있다. 연륜이 일천해서도 그렇겠지만, 아직까지 그들이 내세운 전문영역을 충분히 살리고 있지 못하다는 평가도 받고있는 반면 그런 대로 불모지 발아(發芽)의 산고(産苦)를 높이 사주는 측도 있다."

1975년 11월 30일 주간 「독서신문」이 무려 24종에 이르는 주간지 붐을 보도한 머릿글에서 알 수 있듯, 레저는 산업사회의 또 다른 얼굴이다. 경제개발의 과실이 조금씩 실체를 나타낼 무렵 이 땅에 레저 바람이 불기 시작한 것이다.

레저(leisure)란 일에서 해방되어 휴식하거나 즐길 수 있는 시간, 또는 그 시간을 이용하여 노는 일을 일컫는 말이다. '허락되어 있다'는 뜻의 라틴어 licere에 어원을 둔 데서 짐작할 수 있듯, 레저는 고대에 귀족들로부터 잠시 허락받았던 노동자들의 노는 시간이었다. 중노동에 시달려야 했던 노동자들은 쉬는 것보다 노는 것에서 삶의 즐거움을 찾았던 것이다.

'일을 하지 않는다'는 점에서는 공통적이지만, '휴가'가 다소 수동적 개념인데 비해 '레저'는 능동적 개념을 지니고 있다. 그런데다 야외에서의 활발한 활동이 대부분이므로 스포츠와 합해 '레포츠'라고도 한다. 그러므로 레저는 '야외에서 움직이며 즐겁게 노는 시간'이라 다시금 정의할 수 있다.

레저는 언뜻 현대문명, 그것도 생활에 여유가 있는 사람들에 의해서 시작된 것 같지만 실은 그렇지 않다. 까마득한 원시시대의 인류는 이미 레저의 쾌감을 알고 있었다. 예컨대 먹이를 구하기 위해 사냥을 할 경우, 목표를 추격하면서 짜릿함을 느꼈고, 잡았을 때 만족감을 느꼈던 것이다. 그와 관련한 흥미로운 사례가 있다.

20세기 초엽 고고학자들은 프랑스 동부 솔뤼토레 지방의 절벽 밑에서 발견된 1만 2천년 전 뼈다귀들을 보고 의문에 빠졌다. 거기에는 매머드, 들소, 곰의 뼈 등이 있었는데 가장 많은 것은 말의 뼈였다. 특히 말뼈는 무려 10만 마리분에 해당하는 어마어마한 양이었으니, 학자들은 왜 이렇게 많은 말들이 몰사했을까 궁금해했던 것이다.

연구 결과 말 사냥을 위한 부득이한 방법이라는 결론이 내려졌다. 즉, 사냥꾼들은 세 방향에서 말을 에워싸고 멀리서부터 접근함으로써 말떼를 한 방향으로 몰고 갔다. 겁 많은 동물인 말은 그 바람에 한쪽으로 내달리게 되었고, 수많은 말들이 낭떠러지로 떨어지는 가운데, 사냥꾼들

은 몇 마리 또는 몇 십 마리로 추정되는 말을 얻었던 것이다.

고대인들이 말을 산채로 사로잡은 이유는 고기를 먹는 것은 물론 한 편으로 이동의 편리를 도모하기 위해서였다. 우연히 잡아탄 말 등 위에서 예상치 못한 속도감을 느꼈고, 극히 일부 사람들의 일이긴 하겠지만 말을 타고 사냥하면 사냥감을 쫓기 수월하다는 사실도 깨달았다. 다시 말해 오늘날 우리가 오토바이나 자동차를 타고 달릴 때 느끼는 짜릿한 속도감을 원시인들은 말을 통해 느꼈던 것이다.

한편, 솔뤼토레 지방의 말 뼈는 오늘날 말고기를 즐겨 먹는 프랑스인의 식습관이 결코 우연한 일이 아님을 보여주고 있다는 점에서도 매우 흥미롭다.

이처럼 레저는 태초 인류의 삶이었고, 쾌감과 뗄레야 뗄 수 없는 관계에 있었다. 그런데 묘하게도 인류는 식량혁명으로 일컬어지는 농사의 시작과 더불어 레저를 잃고 말았다. 약 1만 2천년 전에 농업이 시작된 다음부터 인류는 계절이라는 예정표와 가축의 습성에 따라 규칙적으로 일을 해야만 하는 신세가 되었던 것이다.

먹거리가 해결되면 시간이 남을 줄 알았는데 뜻밖에도 그 먹거리 생산을 위해서 더욱 많은 시간을 쏟아야 했다. 농사가 싫어서 오지에 숨어산 부족들은 오늘날에도 석기시대의 삶처럼 대개 노동 시간보다는 놀거나 쉬는 시간이 많지만, 제도의 틀 속에 갇혀 사는 수많은 사람들은 레저를 잃어버리고 온종일 노동에 매달려야만 했다.

예를 들어 아프리카의 부시맨족은 대개 1주일에 15시간 정도만 일하면 필요한 음식을 채집할 수 있다. 이에 비해 농사를 짓거나 가축을 키울 경우 사시사철 편할 날이 없다. 그리하여 레저는 왕조시대 내내 소수 왕족이나 귀족의 일상이자, 대부분 백성들의 특별한 시간으로 여겨졌다.

그러나 20세기 들어서 서구 근로자의 노동시간이 단축되고 여가가 생김에 따라 레저는 '대중놀이문화'라는 이름으로 다시금 부활했다. 이때 사무실 혹은 공장이라는 닫힌 공간에서 일하는 근무환경에 대한 반사작용으로 시원스런 자연과 어우러지는 모험이 가미된 놀이의 모습으로 사람들에게 다가왔다. 격류를 뚫고 비경(秘境)을 찾아나서는 급류타기 스포츠인 카야킹, 흐르는 강물을 따라 여럿이 함께 노를 저어가며 호흡을 맞추는 래프팅, 물살을 가르며 짜릿한 스피드를 만끽하는 수상스키, 높은 언덕에서 뛰어 공중을 나는 패러글라이딩 등이 그러한 예들이다.

레저는 왜 도시인들을 매료시키는가? 그 이유는 운동공간의 상실에 있다. 성냥갑같은 빌딩과 공해물질로 가득한 도시에서 생활하다보니 사람들은 드넓은 바다와 하늘을 그리워하게 됐고, 편하게 일하다보니 긴장감 있는 모험을 경험해 보고 싶어졌던 것이다. 땀 흘리는 노동자보다 펜 굴리는 샐러리맨들이 레저에 더 열광하는 것도 같은 맥락에서 빚어진 현상이다.

오늘날 현대인들은 레저를 통해 스릴을 즐긴다. 그런 까닭에 놀이동산의 롤러코스터는 갈수록 굴고도가 높아지고, 번지 점프가 대유행하고 있다. 도시 레저의 한 유형으로 자리잡은 번지 점프는 사실 레저가 아니라 종교적 행사였지만 그 특유의 스릴 때문에 급속히 도시인의 마음을 사로잡았다.

오래 전부터 남태평양 펜터코스트 제도의 남자들은 발목을 덩굴 줄기에 비끄러매고 대나무와 덩굴로 엮은 30미터 높이의 다락집 위에 올라가서 공중으로 다이빙해 왔다. 지면에 머리가 아슬아슬하게 접근할수록 더 용감한 사람으로 치는데, 이것은 '골'이라고 부르는 종교적 의식이며 남자의 용기를 과시하는 데 목적이 있었다. 그러던 것이 1970년대 말 영국 옥스퍼드 대학의 학생 클럽인 '위험한 스포츠클럽'에서 근처에 탑을 세우고 발을 묶어 처음으로 땅을 향해 뛰어내린 뒤부터 전세계로 번졌다. 요컨대 첨단 과학문명으로 인해 모험의 기회를 상실한 도시인들은 레저를 통해 잠재된 기질을 발휘하는 것이다.

레저가 현대인들의 큰 호응을 얻음에 따라 레저산업이 새롭게 부상하기도 했다. 어떤 여가상태와 양립할 수 있는 새로운 직업을 찾는 과정에서 레저산업이 탄생한 것이다. 레저는 레저 자체뿐만 아니라 노동에도 영향을 미친다. 지친 마음에 새로운 기(氣)를 불어넣어 노동의 질을 높이기 때문이다. 고대 그리스에서 화가·조각가 등을 가리켜 'leisured men'이라고 한 것도 레저의 참 의미를 되새기게 만든다.

사람은 놀기 위해서 일하는가, 일하기 위해서 노는가. 아담 스미스는 휴식을 인간이 지향하는 상태라 생각하고, 주로 만년의 안일을 성취하기 위해 일하는 것으로 보았다. 그렇지만 아리스토텔레스가 축재자(蓄財者)를 자유인이 될 수 없는 사람으로 본 것같이, 현대인들은 하루하루 현재에 충실하고자 하는 경향이 있고 축재보다는 자유를 갈망한다. 레저는 그 갈망의 얼굴인 것이다.

취미

마음이 끌리는 나만의 멋

"지배계급의 취미와 봉건시대의 제약성을 벗어나지 못한 한계를 지니고 있으면서도 풍경화·동물화·인물풍속화 등에 뛰어난 업적을 남긴 인물이다."

"취미와 학력을 겸비하고 문학자·예술가·과학자와의 사교에 어색하지 않고, 매사에 침착한 인물이어야 한다."

전자의 경우 북한의 사학자들이 『역사사전』에서 김홍도에 대해 평가한 말이며, 후자의 경우 1459년 로마 교황 비오 2세가 역사상 최초로 외교사절의 신임장을 접수하며 제시한 대사의 기준이다.

흥미롭게도 우리는 두 어록에서 '취미(趣味)'라는 말을 공통적으로 발견할 수 있고, 동시에 그 취미가 은연중 고급·세련·사치 등을 내포하고 있음을 알 수 있다. 다시 말해 부유층(상류층)만이 누리는 고급 취향이 곧 취미임을 가리키고 있으며, '취미가 고상하다'는 말은 취미의 상징성을 극명히 드러내고 있다. 왜 그럴까?

먼저 취미의 어원을 살펴보자. 취미라는 말은 국어사전에 따르면 '마음이 끌려 일정한 방향으로 쏠리는 흥미'를 뜻하며, 한자자전에 따르면 '감흥을 느끼어 마음이 당기는 멋'을 의미한다. 이에 비해 영어 'taste'는 맛의 뜻을 나타내는 일반적인 말인 동시에 애호·기호·취미 등의 의미를 지니고 있는데, 그 어원은 '접촉하다'는 뜻의 고대 프랑스어 tangere이다. 요컨대 무언가에 마음이 이끌려 접촉하는 일이 취미인 것이다.

그런데 고대부터 백성들은 다른 일에 한눈을 팔 시간이 없었다. 해뜨면 일하고 해지면 지친 몸을 이끌고 집으로 들어가 잠자는 단순한 일과를 반복할 뿐 한가하게 쉴 여유시간을 누리지 못했던 것이다. 반면에 노동의 의무가 상대적으로 적었던 지배층은 '딴짓'을 할 시간이 많았다. 그래서 이것저것 재미난 일을 찾았으니 이것이 취미의 시작인 셈이다.

고대 세계의 제왕이나 귀족들은 대부분 사냥에 취미를 붙였다. 전투와 살상이 자주 벌어지는 풍토에서 사냥은 전투 예비훈련이자 자극적인 쾌감으로 작용했던 까닭이다. '맞췄다' 혹은 '잡았다'는 쾌감은 성취감의 다른 얼굴이기도 했다. 때문에 궁전 근처에 대규모 사냥터를 개설하고 매와 사냥개를 이용하여 사슴이나 기타 들짐승을 이리저리 몰면서 사냥했다.

귀족 아래 계급층(시민)을 위해서는 격투기나 투우같은 이벤트가 마련됐다. 기원전 1800년 경 지중해 크레타섬에서는 달려드는 황소 잔등을 타고 넘는 서커스가 주요한 볼거리였고, 로마의 원형경기장은 연일 피비린내나는 살육이 스포츠라는 미명하에 자행됐다.

로마제국의 집권층은 민중의 답답한 불만을 살인경기에 대한 취미로 돌리는데 성공하고는 내심 흐뭇해했던 것이다. 전차경기도 시민들의 주요한 취미로 행해졌다. 로마인들이 전차경주에 빠져든 것은 강렬한

남성미를 만끽하기 위해서였는데, 그때의 풍경을 로마의 전통문화연구
가 수에토니우스는 다음과 같이 썼다.

"이런 구경을 하기 위해 엄청난 사람이 모여든다. 지방에서 온 사람
들은 길가에 천막을 치고 노숙하지 않으면 안될 정도다. 너무 혼잡해서
깔려 죽는 사람까지 있다."

그렇지만 인구의 과반수 이상을 차지하는 노예층은 이런 구경은 물
론 다른 취미도 일체 누리지 못했다. 어린이도 예외는 아니어서 상류층
어린이들은 구슬치기나 공기놀이를 하며 놀았지만, 하류층 아이들은
부모를 따라다니며 심부름을 하거나 온갖 허드렛일을 했다. 결국 고대
사회의 취미는 수많은 노예들의 노동력 착취를 통해 얻어낸 '상류층만
의 여유시간'이었던 것이다.

그러하기에 근대 이전까지 취미는 형태는 다를지언정 언제나 고급
취향의 여러 모습을 지녀왔다. 예컨대 16세기 경 그리스 문화를 흉내낸
단정하고 우아한 고전주의 양식이 유럽을 휩쓸었고, 17세기에는 화려
한 장식과 기교를 중시하는 로코코 취미가 유행했으며, 18세기 후반에
는 다시 신고전주의가 상류층의 시각·청각을 만족시켜 주었다.

정치나 시대상황에 따라 취미의 분위기가 다르기도 했다. 이를테면
사냥이 살육을 통한 짜릿한 취미라면 장기·바둑·서예 등은 차분한 기
조의 취미였다. 서로 지력(智力)을 겨루거나 고요히 생각을 즐기는 여유
의 편안함은 안정된 사회에서의 일반적 취미였던 것이다. 동양에서 신
선들이 바둑을 둔다고 상상된 것도 같은 맥락에서 비롯된 일이라 할 수
있다.

취미는 근대 들어서야 사람들의 의식에 본격적으로 자리잡기 시작했
다. 직업이 조금씩 다양화되고 시민계급이 급격히 세를 확장하면서 상
류층처럼 취미를 즐기기 시작한 것이다. 이때 취미는 사회공통적인 관
심사에서 개인의 세세한 관심사나 일상생활의 작은 행복으로 확대됐

다. 지배자의 독특한 취미였던 '수집'이 대중화되기 시작했고, 직업에서 파생된 취미가 나타났다.

19세기에 활약한 프랑스의 작가 발자크는 잡동사니 골동품 애호가여서 금·은 또는 터키옥이 자루에 장식된 지팡이를 수집하는 취미를 가지고 있었으며, 체코 프라하 태생의 음악가 드보르작은 어린시절 정육업을 대물리려는 아버지 몰래 노래짓기를 통해 성취감을 느꼈고 행복을 만끽했다.

20세기를 전후해서는 철도 증설에 힘입어 멀리 나들이 가는 취미가 퍼졌다. 낚시, 등산, 바다여행 등은 이때부터 보편화됐고, 취미를 즐기기 위해 다른 시간을 포기하는 '매니아'도 생겼다. 러시아의 안톤 체호프는 얼마나 낚시를 즐겼던지, 부인에게 편지할 때 자신을 '당신을 낚는 어부'라고 하고 부인을 '나의 물고기'라고 쓸 정도였다.

그런가하면 수집의 종류도 매우 다양화되었다. 우편·통신·방송 등 새로운 제도와 신문명의 영향으로 우표·음반 수집이 선보였고 박물관이나 미술관 등이 생기면서 관람·감상이 취미의 샛별로 등장했다. 한 예를 들면 미국의 프랭클린 루즈벨트는 서적 구입과 우표 수집을 취미로 즐겼으며, 「감자」, 「배따라기」로 유명한 일제강점기의 김동인은 영화구경과 사진기와 음반 사는 데 많은 시간과 돈을 투자했다.

현대의 취미는 직업으로 이어지기도 했다. 나비채집과 연구에 일생을 바친 '나비박사' 석주명은 자신의 일에 대해 이렇게 회고한 바 있다.

"나는 행복한 사람이다. 세상에 자기 취미와 직업이 일치되어 있는 사람이 제일 행복한 사람으로 생각하는데 그런 점에서 나처럼 행복한 사람도 없을 것이다."

찰스 다윈도 딱정벌레 채집이라는 유별난 취미를 살려 끝내 진화론을 주창하는 성과를 거뒀다.

새로운 문턱에 들어선 요즘에는 취미가 말할 수 없이 다양해졌으며,

취미 자체를 삶의 목적으로 여기는 사람들도 적지 않다. 직업에 있어서 취미를 즐기기 위해 급여보다 근무시간을 따지는 사람도 드물지 않고, 심지어 자신들의 정서를 즐기기 위해 자식을 갖지 않는 부부도 늘어나는 경향이 있다.

이런 변화들은 인간이 궁극적으로 원하는 것이 무엇인지 적극 시사해준다. 바로 '성격대로 살고 싶다'는 욕망이 곧 취미로 대변된다는 것이다. 활기찬 사람은 등산이나 레포츠를 통해, 차분한 사람은 감상이나 명상을 통해, 호기심이 많은 사람은 수집이나 여행을 통해 인생을 즐기려 하는 것이다. 사냥이나 승마의 속도감은 폭주나 카레이스로, 금은보화 수집은 기념품 수집으로 대체됐지만 취미를 통해 느끼는 만족감 자체는 본질적으로 같다는 말이다.

미래사회의 취미 역시 몇 가지 변화를 낳긴 하겠지만 '복고적 → 새로운 → 복고적 → 새로운' 이 반복되는 취미 사이클은 영원할 것이다.

여행

현실을 벗어나는 희망의 여로

"**여행이라는 말에는 어떤 뜻이 담겨있는가?** 자유, 이해를 넘어선 태도, 모험, 충실한 삶, 많은 불행한 사람들이 가져볼 수 없는 꿈, 그리고 마치 수도(修道)하는 청년이 여성을 꿈에 그리듯이 오직 몽상을 통해서만 소유할 수 있는 그 모든 것들."

어느 작가가 말했듯, 여행은 '자기 집을 떠나 객지에 가는 일'이라는 사전적 의미 이상의 많은 상징을 갖고 있다. 왜냐하면 사람들이 집을 떠나는 이유 속에 기분 전환, 자유 갈망, 심부름, 모험, 배움 등등 수많은 사연이 존재하기 때문이다. 그렇다면 여행은 언제부터, 어떤 모습으로 행해졌을까?

여행은 고대부터 있었다. 호기심 넘치거나 일상의 답답함에 질린 사람들이 새로운 길을 나섰던 것이 여행문화의 시작이었다. 상당한 위험을 감수한 나그네들은 운명을 하늘의 뜻에 맡겼으니, 고대 그리스인들은 여행하다 교차로에서 매끄러운 돌을 볼 경우 기름병을 꺼내어 그 돌 위에 기름을 붓고 엎드려 큰절을 올린 다음에 제 갈길을 가곤 하였다. 동양의 여러 부족사회에서도 길을 가다 돌 위에 돌을 얹거나 큰 나무 주변에 돌 하나를 놓으면서 행운을 기원하는 풍습이 있었다.

여행은 크게 여섯 가지 목적에서 행해졌다. 기분 전환 · 통과의례 · 쾌락 향유 · 모험 · 정신적 고향 방문 · 견문 확대가 그것이다.

일찍이 그리스의 플라톤은 소크라테스가 세상을 떠난 후 그리스 정치 분위기에 환멸을 느낀 나머지 여러 나라를 여행하며 머리를 식혔고, 현대인들은 마음이 답답할 때 푸른 바다를 보며 기분 전환을 꾀하곤 한다. 바닷가 여행은 철도 발달에 힘입은 새로운 레저 문화이다. 근대 이전 사람들은 교통 때문에 바다 구경을 꿈도 꾸지 못했다. 그러던 것이 19세기중엽 철도 보급과 함께 여가에 여행을 즐기는 가족이 차츰 늘어났던 것이다.

우리나라의 경우 17세기 여항인(閭巷人)들이 기분 전환으로서의 여행을 즐겼다. '여항인'이란 말단 관리계층 사람들을 지칭하는 말로서, 이들은 경제적 여유가 생겼으나 신분제약 때문에 정치에 참여할 수 없게 되자, 가까운 산을 찾아다니며 문학을 즐겨 이른바 '여항문학'을 탄생시켰다.

오늘날에는 동서를 막론하고 가족 단위의 여행을 즐기는데, 독일의 아우토반에는 주말마다 자전거를 싣고 가는 자동차 행렬이 인상적이다.

여행은 때로 강렬한 상징을 지니기도 한다. 신혼여행이 그것으로, 이때의 여행은 통과의례로서의 의미를 지닌다. 서양풍속인 신혼여행은 '허니문'이라는 말의 유래에서 알 수 있듯, 일상세계에서 벗어나 둘만의 공간에서 특정행위를 치른 뒤 다시 일상세계로 돌아와 '성인'으로 대접받는 일종의 관습인 것이다.

그런 상징성 때문에 동양에서도 신혼여행이 보편화되기에 이르렀다.

결혼 잔치가 끝날 무렵 신랑신부가 신혼여행을 가지 않고 신혼방으로 들어가던 중국이나, 혼례를 치른 뒤 처가를 거쳐 시댁으로 가는 우리나라의 풍습은 간데 없고, 요즘에는 결혼식이 끝나면 곧바로 여행을 떠나는 풍습이 일반화된 것이다.

그러나 한편으로 신혼여행의 목적이 변질되어가는 바, 일본의 경우 여행길에서 돌아온 신혼부부들이 나리타 공항에서 이혼하는 커플이 많다고 해서 '나리타 이혼'이란 말이 생겼을 정도로 결혼풍속도가 달라지고 있다.

여행은 쾌락을 목적으로 행해지기도 했는데, 이때의 쾌락 여행은 사실상 섹스를 위한 도피가 주종이다. 중세 유럽인들은 온천 지역을 찾아다니며 연인 또는 매춘부와 불륜의 사랑을 탐닉하곤 했다. 때문에 중세 온천은 현재의 '러브 호텔'과 다름이 없었다. 매춘을 위한 관광은 오늘날에도 성행하고 있으니 일본의 섹스 관광이나 태국의 섹스산업은 세계적으로 유명하다.

하지만 섹스가 아닌 휴식으로서의 쾌락 여행도 있으니 그 대표적인 형태가 관광지를 주유(周遊) 항해하는 크루즈(유람선) 여객선이다. 크루즈는 1840년 영국의 P&O사가 지중해 항로를 관광 순항하기로 선전한 것이 효시이며, 이후 일정 내내 완벽한 서비스를 받는 호화사치의 휴식여행으로 자리잡았다.

새로운 세계를 직접 탐험하고자 여행을 떠나기도 했는데, 모험을 위한 여행은 예측할 수 없는 상황을 각오해야만 했다. 수많은 사람들이 여행길에 목숨을 잃었으며, 구사일생으로 살아남은 사람들은 여행기를 출판하여 떼돈을 벌기도 했다. 마르코 폴로의 『동방견문록』이 대표적인 예이다. 폴로는 중국의 카드를 서양에 소개하여 트럼프 문화를 일으키기도 했다. 1769년 남태평양을 여행하고 돌아온 제임스 쿡 선장은 한 신문에서 타히티 주민들의 문신(文身) 풍습을 소개하여 새로운 유행을

허니문
세계

낳았고, 프랑스의 작가 줄 베른은 『지저 탐험』, 『해저2만리』, 『달세계 여행』 등 모험여행을 기초로 한 공상과학소설을 써서 큰 인기를 끌었다.

우리나라의 경우도 1960~1970년대에 김찬삼씨가 세계여행일주기를 써서 큰 호응을 얻은 바 있으며, 국내에서는 젊은이들 사이에 돈없이 길 떠나는 무전여행이 유행하기도 했다. 모험으로서의 여행은 호기심을 바탕으로 하고 있는 바 도전정신의 밑바탕이기도 하다.

그런가하면 정신적 황폐함 속에서 여행은 새로운 돌파구로 작용했다. 그런 까닭에 오래전부터 유럽인들은 지적(知的) 갈증을 느꼈을 때 그리스와 이탈리아를 여행하곤 했다. 조각가 로댕은 이탈리아 여행을 통해서 새로운 조각기법을 깨우쳤으며, 대문호 괴테도 이탈리아 여행에서 많은 영감을 얻었다. 1960년대에는 비틀즈 때문에 서양의 많은 젊은이들이 인도에 관심을 가지게 되었고, 정신적 고향을 찾아 인도로 여행을 떠나는 사람들이 속출하였다.

우리 선조들도 나라가 혼란스러울 때 경주(慶州)를 방문하곤 했다. 17세기말~18세기경 일부 지식인들 사이에서는 불국사와 함께 석굴암을 답사하는 것이 일종의 유행이었다. 답사객들은 통일신라시대 때 이 땅의 평화를 지키기 위해 멀리 동해바다를 바라보게끔 세워진 석굴암을 우러러보면서 조국이 처한 풍전등화의 위기를 구해줄 것을 기원했다. 근세의 민속화가인 정선(鄭歚)도 1733년 경주 석굴암을 답사했으며, 일제시대 때 활약한 소설가 현진건도 불국사를 여행한 바 있다.

종교인들에게 있어서는 성지순례가 같은 맥락의 여행이다. 성지순례는 신에게 가까이 다가서고자 하는 마음에서 비롯됐는데, 이때 '순례'는 땅에 있는 장소를 저 높은 세계와 연결하는 동시에 순례자에게 새로 태어나는 듯한 느낌을 준다.

견문 확대는 가장 보편적인 여행문화였다. 예컨대 1608년 영국인 토마스 코리어트는 여행길에 이탈리아인들이 포크로 식사하는 것을 보고 고국에 돌아와 책을 펴내면서까지 포크 사용을 적극 권장함으로써 포크 사용이 전유럽으로 퍼지는 데 촉매 역할을 했다.

또한 18~19세기의 영국 귀족들은 자기 아들을 외국에 보내 1~2년 여행하도록 했다. 이른바 '유럽대륙 순회여행'으로 불린 이 여행을 통해 젊은이는 어학실력을 향상시키고 유럽 대륙의 문화를 흡수한 뒤, 성숙한 인간으로 귀국했다. 오늘날 학교에서 단체로 떠나는 수학여행은 여기에서 유래한 관행이다. 요즘에는 젊은이들 사이에 해외배낭여행이 크게 유행하고 있는데, 이는 쉽게 가볼 수 없는 이국풍물에 대한 호기심과 경험을 넓히기 위한 지식욕이 합쳐진 결과물이라 할 수 있다.

이처럼 여행은 목적에 관계없이 언제나 신선한 충격을 주는 까닭에 시대를 불문하고 '최고의 행복'으로까지 여겨져왔다. 그렇다면 미래의 여행은 어떤 모습일까. 아마도 여행지의 대상이 달라지고 시간이 단축될지언정 목적이나 상징에 있어서는 크게 달라지지 않을 것이다. 여행에 관한 한 인간의 욕망은 기계문명의 발달 정도와 무관하기 때문이다.

쇼핑

둘러보고 사는 즐거움

쇼핑(shopping)은 물건을 사러 백화점이나 상점에 가는 일을 일컫는 말이다. 우리말로는 '장보기'라고 한다. 근대문명 이전의 세계에서 시장(市場)은 그야말로 활력 넘치는 장소였고, 장보기는 존재를 확인하는 행위에 다름 아니었다.

"장날이 되면, 언제나 권태롭고 단조로운 모습을 보이던 한국 마을들이 온통 활기와 윤기를 띠게 되고, 사람들의 떠드는 소리로 야단스럽다. 이른 새벽부터 농민들은 닭, 돼지, 짚신과 그리고 모자나 나무주걱 같은 자가 생산물을 갖고 장으로 나온다."

구한말에 이사벨 비숍이 관찰했던 것처럼 시장 또는 장(場)은 한국인에게 있어 독특한 문화였다. '시장'은 상품이 거래되는 특정 장소를 가리키는 말인데, 이 말은 10세기 경 중국에서 쓰이기 시작했고, 그 이전에는 시(市)라고만 했다. 市는 물물교환시기 다음의 매매(賣買)시대에 그 장소를 표시하기 위해 세운 깃대와 깃발의 상형글자이다.

시장의 우리말은 '저자'이다. 장이란 말의 유래에 대해 조선 후기 학자 이규경은 "고려 때 불교가 성행해 중과 일반 백성이 모여 어울리는 도장을 많이 세웠는데, 저자 모습이 이같이 사람이 많이 모이는 도장과 유사하므로 '장'이라고 부른 것이 아닌가 한다"라고 『오주연문장전산고』에서 밝히고 있다.

시장은 고대부터 있었다. 옛날엔 상점이 드물었기 때문에 며칠 걸러 시장이 섰으며 특정 물품만 팔았다. 이때 자신이 만든 곡식이나 물건들을 직접 가져와 서로 교환했다. 고대 중국시장의 특징은 아침에는 상인 간 매매 위주인 반면 저녁은 일반인 대상 소매 위주였다는 점이다. 고대 이집트 역시 물물교환을 위한 시장을 가지고 있었고, 고대 그리스도 마찬가지였다. 그리스의 정치 중심지였던 델포이에서는 제례 기간 중 3일째 오전에 시장이 열려 가축·의류·도예·금은제품 등이 거래됐다.

우리나라의 경우 단군신화에 환웅이 하강하여 신시(神市)를 베푼 것으로 미루어, 일찍부터 저자가 발생했음을 알 수 있다. 신라 소지왕은 시장제도를 도입함에 있어 모두 여자들이 판매를 담당하도록 했다. 여러 촌락의 부녀자들이 모여 서로의 생산물을 바꾸었던 것이다. 백제는 백제 가요 「정읍사(井邑詞)」 가사 내용으로 미루어, 남자들이 판매했음을 알 수 있다. 정읍사는 행상 나간 남편이 돌아오지 않자, 아내가 걱정스런 마음을 노래로 부른 것이다.

교환이 활발하게 이루어진 것은 고려 때로, 지방에서도 일정한 날에만 장이 서 각지의 생산물을 교환하였던 향시가 생겼다. 향시는 한 달에 여섯 번, 닷새마다 섰다. 이후 지방의 향토시장은 5일장으로 굳어지게 됐고, 5일장은 조선 중기 이후에 크게 번성했다. 5일장은 음양오행사상에 바탕을 두었으며, 대체로 하루에 걸어서 왕복할 수 있는 30리 내지 50리 간격을 고려한 것이었다. 『임원경제십육지』에 따르면 조선팔도에

30~50리 거리마다 1천52개의 시장이 있었는데, 그 중 5일장이 905개로 압도적으로 많았다.

흥미롭게도 우리나라에서는 주로 남자가 장을 보았다. 김홍도 풍속화 〈장터 길〉에서 말안장에 엽전 꾸러미를 싣고 장터에 가는 인물들은 전원 남자이며, 김득신 풍속화 〈장에서 오는 길〉의 등장인물도 대부분 갓을 쓴 남자이다. 구한말의 풍속사진을 통해서도 남자들로 득실거리는 시장을 확인할 수 있다. 이러한 남자들의 장보기는 장터가 경제행위보다는 자유와 해방감을 만끽하기 위한 공간적 성격이 강했음을 설명하는 동시에 여성들의 구속상을 반증한다.

저자는 모두가 일하는 공간이자 시장을 보러 온 농민에게 일상의 생산 활동에서 잠시 해방되는 공간이기도 했다. 이러한 분위기는 저자에서 행해지는 각종 민속놀이에 의해 고조됐으며, 장터를 중심으로 여러 가지 놀이가 발달했다. 상인들은 손님을 불러 모으기 위한 수단으로 죽방울 놀이, 줄타기, 요지경 놀이 등을 벌였고, 나무꾼들은 지게에 짊어지고 나온 장작이나 솔가지로 장치기 놀이를 했다. 조선 후기 탈춤의 연회 장소로 주로 장터를 이용했던 것도 흥겨움을 제공하기 위해서였다.

이런 풍경은 서양에서도 마찬가지였다. 유럽에서 곡예·덤블링·밧줄타기·공던지기·동물묘기 등의 서커스 단체가 대중에게 나타난 것은 중세와 르네상스시대의 장터에서였는데, 초기의 장터는 한쪽 편에 유흥거리를 곁들인, 주로 상거래를 위한 것이었으나 상업이 발전하여 도시에 상설시장이 형성됨에 따라 비정기적인 시장은 주로 오락만을 위한 곳으로 변했다.

장날은 정보 교류의 장이기도 했다. 멀리 떨어져 사는 친지들의 안부를 듣고, 사돈을 만나 시집간 딸 소식을 들었으며, 담배 재배에 관한 정보를 얻기도 했다. 삶에 필요한 정보와 지혜를 얻었던 것이다. 반가운 사람을 만나면 주막에서 질펀한 술판을 벌이기도 했다. 그런 까닭에 농

마트
SALE
50%

민들은 꼭 사거나 팔 물건이 없더라도 구경삼아 '장보러' 다녔으며, 평소에 조용하던 농촌이 장날만 되면 활기를 띤 것은 당연한 풍경이었다. 장터는 물건을 사고 파는 유통이라는 실리적인 기능 이외에 정보와 사교와 유흥 기능이 복합된 우리 한국인의 원점이었던 것이다.

대체로 시장은 도시의 흥망성쇠와 아주 밀접한 관련이 있다. 도시에는 사람이 많고, 사람들이 많이 모이는 공간에 시장이 들어서게 마련인 까닭이다. 이성계는 조선을 창업한 후 무엇보다 먼저 한양의 중심가인 종로에 상가를 형성시켰는데, 이는 시장의 기능과 역할을 잘 알고 있던 데서 행한 일이다. 그 덕분에 일제강점기까지도 종로는 상가 중심으로 사람들의 발길을 잡아끌었다.

그러나 20세기 들어서 시장의 모습은 급격히 달라졌다. 길을 따라 줄지어 늘어선 상점은 점차 사라져가고 한 곳에 우뚝 선 대형백화점과 할인점이 그 역할을 차지했다. 막대한 자본력을 앞세운 백화점이 소자본 상점을 말살시켜가고 있는 것이다. 또한 살 것이 없어도 구경거리를 찾아서 시장에 갔던 가벼운 마음은 이제 사야만 직성이 풀리는 욕망으로 점차 변해가고 있다.

이른바 '아이쇼핑'은 사고픈 욕망이 낳은 사생아이고, '쇼핑 중독증'은 사치의 방탕아라고도 할 수 있다. 쇼핑 중독증은 '불필요한 물건을 마구 사들인 뒤 무엇을 샀는지 정확히 기억도 못하고 쇼핑을 못하면 왠지 불안해하는 증상'을 뜻하는데, 이 증상은 최근 알코올 중독증에 버금가는 심각한 질환으로 여겨지고 있다. 유럽연합이 최근 발표한 자료에 따르면 회원국 국민의 33%가 쇼핑 중독증에 걸려 있다고 한다.

이런 문화정서를 조장한 주범은 무엇일까? 그것은 바로 '광고'와 '인터넷'이다. 유행에 민감한 현대인들은 광고를 보고 충동구매를 느끼며 인터넷쇼핑을 통해 물질적 욕망을 자극받고 있기 때문이다. 그런데다 거대한 쇼핑몰은 쇼핑 욕망을 더욱 부채질한다. 쇼핑을 하는 것이 마치 삶의 질을 높이는 행위인양 끊임없이 선전하고, 그렇지 않은 사람은 시대에 뒤떨어진 미개인인 것처럼 최면을 건다. 심지어 싱가포르나 홍콩은 '쇼핑 공간=지상낙원'과 같은 공식을 강조하기까지 한다.

미래의 쇼핑은 어떠할까. 아마도 자본주의의 폐단이 더욱 극명해질 것이다. 빈부차이가 심해진 가운데 부자들은 냉난방이 완벽한 거대상점에서 쇼핑을 취미처럼 즐기거나 인터넷을 통해 수시로 물건을 주문하는 반면 가난한 사람들은 쇼핑과는 거리가 먼 생활을 할 것이다.

또한 넉넉한 인심의 5일장은 완전히 사라지고 재래시장은 값싼 물건을 파는 신세로 전락할 것이며, 최대·최신·최고를 지향하는 쇼핑이 인간을 물질의 노예로 만드는 미래의 첨병역할을 하게 될 것이다. 쇼핑에 관한한 미래는 양극단으로 치달을 것이 틀림없다.

의복

얼굴과 풍속을 변화시키는 옷차림

"옷차림이 얼굴과 풍속을 변화시킨다."

프랑스의 사상가 볼테르가 말했듯, 예로부터 옷은 단순히 '가림막'이라는 실용적 의미를 뛰어넘어 그 이상의 뜻을 지녀왔다. 옷은 인체 못지않게 그 사람의 내면세계를 드러내고 더불어 사회 정서를 내포하고 있기 때문이다. 그렇다면 인류는 언제부터 왜 옷을 입게 되었을까?

구약성서에는 아담과 이브가 금단의 과일을 먹고 수치(羞恥)라는 것을 알게 됨에 따라, 자기들의 벌거벗은 알몸을 부끄럽게 여겨 성기를 나무 잎사귀로 가린 것이 옷을 입게 된 시초라고 씌어 있다. 아담과 이브의 이러한 이야기는 이른바 '수치감정설'로써 오랫동안 의복 발생의 정설처럼 여겨져 왔다.

그러나 근대 들어 인류학자들은 다른 견해를 제시했다. '수치'는 보통 때와 다른 별스러운 짓을 할 때 일어나는 감정으로서, 어느 상태를 부끄럽게 여기는가는 문화권에 따라 다를 수 있다는 반론을 제기한 것이다. 하아로크라는 인류학자는 시험적으로 남아메리카의 한 나체족에게 옷을 입혀 본 결과, 원주민은 옷 입은 것을 부끄러워하며 이내 벗어 버렸다고 한다.

그리하여 유력시된 것은 성기 보호설이다. 성기를 보호하기 위해 허리끈(허리띠)을 하였던 바, 이 허리끈이 의복의 기원이라는 설이다. 선사시대 유적인 프랑스의 로오셀 동굴에서 출토된 남자 인형과 체코의 모라비아에서 출토된 여자 인형의 허리에는 한 가닥 홈이 파여 있는데, 이 홈은 허리끈임이 분명하고 이것이 인류 최초의 옷인 것이다.

그런데 왜 하필이면 '끈'이었을까?

끈은 먹을 것을 자연에서 채취하던 시대의 원시인에게는 없어서는 안될 필수 의상이었다. 그들은 사냥 등으로 얻은 먹이들을 차고 다니기에도 좋고, 또 돌칼 따위를 휴대하기에도 좋은 이 한 가닥 끈을 매우 유용하게 생각했다. 또한 인류는 끈의 앞쪽에 나뭇잎이나 동물 가죽 등을 매다는 법을 생각해내고, 혹은 동물가죽을 그대로 허리에 감는 법을 생각해냈다.

전자(前者)가 곧 '잠방이(가랑이가 무릎까지 오는 짧은 바지)'이고 후자(後者)는 '요의(腰衣)'이다. 일본의 '훈도시'는 남방계에 속하는 잠방이의 한 종류라 볼 수 있으며, 표범 가죽을 몸에 감은 고대 이집트의 신관(神官) 복장은 대표적 요의라 하겠다.

뒤이어 동물 가죽이 주요한 옷으로 등장하였고, 처음 모피옷이 나왔을 때는 단순히 추위와 비를 막기 위한 용도로 쓰였다. 하지만 문명사회가 형성되면서 인류는 장식을 목적으로 옷을 입게 되었다. 즉 계급사회에서 권위를 과시하거나 혹은 아름답게 보이기 위하여 옷을 화려하게 만들었던 것이다. 그리고 이때부터 문화권에 따라 나름의 복식문화를 형성하기 시작했다.

이때 옷의 기능은 옷의 디자인에 중요한 영향을 미치기도 하였다. 평화시에는 화려하고 거추장스러운 복식이 유행하였고, 전시(戰時)에는 실용적 의복이 주류를 이루었다.

또한 하는 일에 따라 복식 구조가 달랐다. 예를 들어 조선시대의 경우 문관(文官)의 옷은 문서를 보관하기에 용이하도록 소매가 넓고 깊게 디자인되었으나, 장수(將帥)의 속옷 왼쪽 겨드랑이 부분엔 칼을 거는 고리가 있어 여기에 칼을 차고 다니도록 하였다. 장수는 그래서 쉴 때 갑옷은 벗어도 칼은 늘 지닐 수 있었다. 요즈음 TV 사극(史劇)에서 무관(武官)이 칼을 허리띠에 차고 다니는 모습을 간혹 볼 수 있는데 잘못된 것이라 하겠다.

필리핀 전통의상 '바롱 타갈로그'도 특별한 목적을 배경으로 하여 생겼다. 이 옷은 현지에서 노예복으로 통하며 서민들은 결혼식과 세례식, 그리고 장례식 때 대부분 입지만, 지위가 있는 사람들은 역사적 이유를 들어 기피하고 있다. 이 옷은 스페인 사람들이 필리핀을 3백년 동안 통치하면서 현지 원주민들에게 강제로 입게 했으며, 천이 투명하고 소매 끝에 주름이 없게 한 것은 원주민들이 칼 등의 무기를 옷 속에 숨기지 못하게 하기 위함이었다.

호주머니는 실용적 기능성이 극명하게 투영된 디자인이라 할 수 있는데, 현재와 같은 형태의 호주머니가 바지에 달린 것은 16세기 중엽부터다. 그 이전에는 헝겊으로 만든 자그마한 가방에 돈이나 열쇠 등을 보관했다. 그러나 16세기 중엽 암살자들이 단도(短刀)를 숨겨 다닐 수도 있다고 두려워한 프랑스의 샤를 9세(?~1560)가 재봉사들에게 돈주머니를 만들지 못하게 한 데서 호주머니가 대중화되고 크게 유행했다.

호주머니가 바지에 한 번 부착되자마자 사람들은 그 편리함과 실용성을 즉시 깨달았으며, 이제 바지에 주머니를 다는 것은 당연시되었다. 별도로 주머니를 들고 다니는 불편이 없을 뿐만 아니라 소매치기의 위험도 줄어들었기 때문이다.

중국에는 19세기 서구 열강의 침략 때 양복과 함께 전해졌으며, 우리나라에는 중국에서 건너왔기 때문에 '호(胡)주머니'라 칭했다.

의상은 시대적으로도 많은 변화가 있었다. 고대 그리스의 키톤(chiton)은 천 조각을 몸에 둘러서 걸치는 의복이었다. 그리스인의 실용적이고도 자유로운 정서를 대변한 옷이라 하겠다. 로마인들은 공화제가 확립되자 T자 모양의 느슨한 옷인 튜닉(tunic)을 입었는데, 상류층의 옷은 일반적으로 긴 반면, 하층민의 옷은 무릎까지 내려왔다. 누가 일을 많이 하는가 고려된 디자인이었다.

14세기 유럽에서는 남녀를 불문하고 옷을 몸에 꼭 끼게 입었다. 16세기경에는 남녀의 신체적 차이가 극명하게 드러나는 옷이 유행하였다. 남성들은 '남자다움'을 강조하고자 체격이 좋아 보이도록 어깨나 가슴이나 소매 윗부분에 심을 넣어 부풀게 했다. 이에 비해 여성의 속옷은 허리가 날씬하도록 고래수염으로 뻣뻣하게 만들었다. 이처럼 꼭 졸라서 입는 속옷은 19세기 말까지 계속되었다.

19세기 중엽 유럽에서는 양복이 유행하였다. 1848년 2월혁명 이후 당시 일반사회에서는 시민적인 검소한 복장이 보급되었는데 기본적인 복장은 '자켓'이라 불리우는 웃옷을 착용한 후 '판탈롱(신사복 바지의 원조)'이라는 하의를 입었다. 이것이 신사복의 기본이 되었다.

또한 종래에는 칼라(collar)를 턱 밑에까지 세우고 크라바트(cravatte)를 목에 여러 번 감던 것을, 이 무렵부터는 넓은 칼라에 풀을 먹이고 크라바트로 가느다란 밴드 모양의 넥타이를 매기 시작했다. 오늘날 넥타이 매는 관습이 여기에서 비롯된 것이다. 1860년 경부터는 풀 먹인 칼라의 폭이 좁아져서 턱 밑에서 꺾여지고 그 위에 나비넥타이를 맸다. 현재와 같이 접는 신사복 칼라의 형식은 이때 시작되었고, 이후 전세계를 평정하게 되었다.

여성의 옷은 1920년대에 와서야 갑작스러운 변화를 보였으며, 이때 처음으로 짧은 치마가 나타났다. 여성의 다리 노출은 제1차 세계대전이 낳은 부산물이었고, 여성들의 삶에 많은 변화를 일으켰다. 전쟁터로 나간 남성들을 대신해서 공장에서 일을 한 덕에 사회 진출의 교두보가 마련된 것이다.

1960년대의 젊은이들은 그 이전 어느 때보다 자립심이 강했다. 여성들은 매우 짧은 미니스커트를 입는 것으로 그들의 자유를 표현했고, 히피로 대변되는 자유주의자들은 청바지를 통해 유니섹스와 남녀평등을 강조했다.

한편, 우리 민족의 고유 복식은 바지저고리를 기본 구조로 하는 북방 계통으로, 하체에는 많이 입고 상체에는 조금밖에 입지 않는 하후상박(下厚上薄)의 전통을 지녔다. 저고리는 북방계 옷의 공통된 특징인 곧은 깃, 왼쪽으로 여밈, 좁은 소매 등의 형태를 지니고 있고, 치마는 추운 기후를 고려하여 온돌방에서 무릎을 세우고 앉기에 알맞게 되어 있다.

또한 한복은 다른 나라 전통의상에 비해 몸놀림이 훨씬 자유로운 넉넉함을 자랑한다. 양복은 몸에 맞지 않으면 표가 나서 입지 못하지만 한복은 웬만큼 차이가 나도 품에 맞는다.

음식

배부름과 맛있음 사이

익히 알려졌다시피 탕수육·딤섬(만두)은 중국요리, 사시미(회)·스끼야끼(전골)·덴뿌라(튀김)는 일본요리, 불고기·김치는 한국요리로 유명하다. 언뜻 생각하기에 이 요리들은 그 나라에서 자생한 음식으로 상호 관련이 없는 것처럼 여겨진다.

그러나 조금만 자세히 음식 역사를 들여다보면 일부는 그렇지 않음을 발견하게 된다. 예컨대 사시미는 명백히 일본요리이지만, 산채로 먹는 원형인 '회(膾)'는 당나라 문명과 함께 나라(奈良)시대 이전에 일본에 유입되었다. 중국인들은 날것으로 먹는 것을 '회(육회를 의미)'라 했는데, 여기에서 힌트를 얻어 일본인들이 생선을 날것으로 먹게 된 것이다. 그리고 우리는 두 나라의 음식문화를 모두 받아들여 육고기이든 물고기이든 가리지 않고 날로 먹는 것을 일러 '회'라고 칭하고 있다.

그런가하면 비슷한 시기 우리나라와 일본에 전해진 두부는 각각 민

족적 특성에 맞게 조리되었다. 이를테면 우리는 두부를 찌개나 지짐으로 즐겨 먹었지만, 일본인은 뜨거운 물에 살짝 데친 다음 김가루나 양념을 뿌려서 먹었다.

이처럼 음식은 한 나라에만 머물지 않고 끊임없이 전파되고 변형되기 때문에 오늘날 음식의 원형을 찾기란 쉽지 않다. 서양인들의 경우 '김치'보다는 '기무치'란 말에 익숙하고, 우리의 경우 '함박스테이크'의 본고장을 독일이 아닌 미국이라고 생각하는 게 현실이다. 또 자장면을 우리는 중국요리라고 생각하며 먹지만, 정작 중국에서는 한국에서와 같은 자장면을 팔지 않는다.

태초에 인류의 주된 음식은 과일이었다

무기 하나 변변치 않았던 시절 사냥이 쉬울 리 없었고, 따라서 여기저기 널려 있는 나무열매는 인류에게 귀한 식량이었다. 사람들은 채집을 위해 하루를 보냈으며 떠돌이 생활을 할 수밖에 없었다. 이러한 정황은 인류 초기에 토테미즘의 중심을 나무 특히 거대한 나무로 삼게 만들었으니, 성서에 등장하는 '생명의 나무'는 그러한 토테미즘의 반영이라고도 볼 수 있다.

그뒤 점차 사냥기술이 발전하고 농경생활이 정착되면서 음식 재료도 풍성해지기 시작했다. 이집트 벽화에 그려진 온갖 들짐승과 새·물고기는 그런 '풍요로움의 과시'였으며, 그리스·로마인들은 저녁마다 만찬을 즐기면서 '먹는 즐거움'을 한껏 누렸다. 중세 유럽인들도 수시로 파티를 열며 술과 고기를 즐겼다.

하지만 모두가 풍족한 식사를 한 것은 아니었다. 중·하류층 사람들은 포식은커녕 극심한 배고픔 때문에 하루하루를 연명하기도 힘들었다. 중세 유럽의 귀족들은 갓 잡은 고기를 바비큐로 실컷 먹었지만, 서민들은 우리의 자반고등어처럼 고기를 소금에 절여두고 필요할 때마다 조금씩 꺼내 먹었다. 그나마 노예들은 눈물 젖은 빵으로 끼니를 때워야 했다.

쌀을 주식으로 하는 중국이나 일본, 우리나라도 상황은 마찬가지였다. 양반들은 흰 쌀밥을 마음껏 먹었지만, 서민들은 보리·조·피 등으로 만든 검은 잡곡밥을 먹었다. 잡곡이라고 해도 대개는 밥이 아닌 멀건 죽의 상태였다. 조선시대에 먼길 가는 사람이 주먹밥을 지참한 것은 마땅한 식당이 없었던 데도 이유가 있지만, 그보다는 남에게 민폐 끼치지 않기 위함에서 비롯된 풍속이었던 것이다. 일본의 경우에도 비슷한 풍속이 있었으니, 16세기 무로마치(室町) 시대에 손님은 밥을 지참하고 주인은 야채·죽 등의 반찬을 준비하여 식사하는 것이 관습이었다.

가난한 사람들의 서러움은 이에 그치지 않았다. 하층민들은 어쩌다 맛있는 고기가 생길라치면 '어떻게 해야 여러 사람이 골고루 맛볼 수 있을까' 고민부터 해야 했다. 고심 끝에 일본에서는 아버지가 (주로 생선의) 가장 맛있는 부위를 먹은 뒤 가족들이 나머지를 먹었고, 미국에서는 아버지가 고기를 잘라 평등하게 나누어주었다. 우리나라에서는 국을 끓여 골고루 먹었다.

아버지의 권위가 확고한 가부장 사회, 특히 러시아·중국·한국·일본에서는 가장(최고 어른)이 수저를 든 후에야 가족들이 식사하는 관습이 일찍부터 자리잡았다. 가정경제를 책임진 사람을 우대하기 위한 조치였던 것이다.

서민들은 하루 두 끼를 먹는 것이 보통이었다.

프랑스 혁명은 유럽인들에게 민중의 자유와 평등을 일깨운 일대 사건으로 유명한데, 그러한 공로는 음식문화에도 반영되었다. 하루 두끼 식사가 세끼 식사로 바뀌었던 것이다.

18세기 중엽 프랑스인들은 하루 두끼 식사를 했다. 아침 일찍 일어나자마자 스프 또는 우유·커피로 아침식사를 간단히 하였고, 오후 1시쯤

과 저녁 6시쯤 주된 식사를 하였다. 그런데 능률성을 고려한 끝에 개헌의회 회의 시간이 정오에서 오후 6시까지로 정해지자, 식사 시간이 문제가 되었다. 아침에 음료 한 잔 먹은 것으로 오후 6시까지 견디기란 매우 고통스러운 일이고, 그렇다고 회의 중에 밥 먹고 다시 회의를 하자니 능률이 떨어질 것은 뻔한 일이었기 때문이었다.

그래서 개헌의회의 의원들은 회의 시작 전인 오전 11시쯤 두번째 식사를 하였고, 장시간의 회의에 대비하여 달걀과 고기류가 포함된 영양가 있는 식사를 하게 되었다. 당시는 개헌의회의 모든 결정이 사회 분위기를 주도하던 때라 이 식사관습은 금방 전국적으로 퍼지게 되었고, 오늘날의 점심식사가 되었다.

음식은 인류에게 단순한 식량으로 그치지 않았다

유럽인들이 일찍이 아메리카 원주민의 마을을 방문하였을 때, 무엇보다도 깊은 인상을 받은 것은 '옥수수의 색채' 였다. 당시 호피족이 재배한 옥수수에는 파랑·빨강·자주·하양·노랑·흐린 빨강·혼합얼룩(파랑·자주·하양)의 7가지 색깔이 있었는데, 그들은 하늘에 제사 지낼 때 그것들을 사방으로 진열하였다. 종교적 신성함을 강조한 것이었다.

그러나 오늘날 우리는 그러한 종교적 상징에 관계없이 노란 옥수수를 즐겨 먹는다. 호피족 사람들은 단맛이 강한 노란 옥수수를 아이들의 간식으로 사용하였던 바, 백인들 또한 노란 옥수수를 좋아하였고, 훗날 다수확 품종으로 개량함으로써 전세계로 퍼진 것이다.

이에 비해 기독교·불교·이슬람교·힌두교를 믿는 사람들은 교리에 따라 식생활을 한다. 기독교의 경우 영성체(領聖體) 의식을 반드시 행하며, 예수의 피(포도주)를 마시고 살(빵)을 먹는다. 불교의 경우 윤회설에 따라 살아 움직이는 생물을 먹지 않으며, 이슬람교도들은 더러운 짐승이라는 이유로 돼지고기를 먹지 않고, 힌두교도들은 신성한 동물이라는 뜻에서 소고기를 먹지 않는다.

의식동원(醫食同源)의 의미

'먹는 것이 곧 약이다'라는 뜻의 '의식동원' 사상은 중국에서 발상되어 한국에 전해졌으나, 일본인들은 받아들이지 않았다. 약초(藥草)의 개념은 의식동원에서 비롯된 것으로, 조선시대의 명의(名醫) 허준은 약초에 함유된 독 성분으로 인해 숱하게 구토를 하고 사경을 헤매는 눈물겨운 임상 경험을 한 끝에 독자적으로 『동의보감』을 집대성하였다.

이에 비해 일본은 주자학과 함께 한방의학·한방약은 받아들이면서도 묘하게도 의식동원이라는 사상은 받아들이지 않았다. 그러나 부분적으로 이류보종(以類補種)이라고 하는 사상은 받아들였다. '이류보종'이란 '같은 부위를 먹어서 병을 치료한다'는 뜻의 '소박한 의학'이라 말할 수 있는데, 일본보다는 중국과 우리나라의 음식문화에 더욱 강하게 침투되어 있다.

정력제로서의 해구신, 관절염 특식으로서의 사골(四骨: 소의 네 다리뼈), 간장 강화를 위한 짐승 간(肝) 등이 그러한 사례들이다. 닭고기(닭살)와 오리고기(오리발)가 임산부의 금기식으로 여겨지는 것도 이류보종의 파생 개념에서 비롯되었다.

월동식품

식품을 보존하는 갖가지 아이디어

얼마 전까지만 하더라도 중국이나 우리나라의 요리집에서 대문 앞에 행운을 기원하며 소금을 뿌리는 관습이 있었다. 거기에는 손님을 끌려는 뜻이 담겨 있었는데, 소금과 손님 끌기와의 관계는 중국 고사에서 비롯됐다.

옛날 중국 황제는 황후말고도 많은 미인을 품고 지냈고, 밤이면 밤마다 이 미녀를 찾아서 하룻밤을 즐겼다. 그런데 방문을 받는 쪽의 여성 입장에서는 여간하여 자기에게 차례가 오지 않았다. 그러자 한 여성이 멋진 계략을 생각해냈다. '황제는 우차(牛車)를 타고 온다'는 사실에 주목한 것이다. 소가 소금을 아주 좋아하기 때문에 이것을 이용해 보자는 속셈이었다. 그리하여 그녀는 문 입구에 소금을 뿌려 놓았다.

일설에는 황제가 타고 오는 것은 우차가 아니라 양이 끄는 차라고 하기도 한다. 또한 소금을 뿌린 것이 아니라 가는 대나무를 가지째 꺾어서

이 대나무 잎에 소금을 뿌려 두었다고도 한다. 어느 것이 사실이든 소나 양은 소금기를 좋아하므로 문 입구에 소금이 있다면 그냥 지나가기는 어렵다. 서서 소금을 핥기 시작한다. 때려도 꼼짝하지 않는다. 할 수 없이 황제는 차에서 내려 그 여성의 집에 들어갔다.

또한 그 여성은 마부에게 뇌물을 주고 소에게 소금기를 먹이지 말도록 하고 소를 소금에 굶주려 두게 했다. 그리하여 그 여성은 매일 밤 황제를 맞이할 수 있었다 한다. 이것이 현대 들어 소금을 뿌려두면 손님이 자동차를 세워 그 집에 들어온다는 뜻으로 이어졌다.

이외에도 재수없는 일을 당했을 때 뿌리는 소금은 강력한 살생력에서 비롯된 것이지만, 소금은 이런 용도 말고도 요리 그 자체와 관계가 깊다. 단적인 예로 간을 맞출 때 요리사는 소금의 양으로 맛을 조절한다. 그러나 그보다도 중요한 소금의 역할은 '저장'이다. 음식이 오랫동안 상하지 않도록 보존시켜주는 것이야말로 소금의 최대 가치라 할 수 있다.

매서운 추위가 몰아닥치는 겨울은 인간에게 반갑지 않은 계절이었다. 일년내내 추위 걱정이 없는 곳은 덜 그렇지만, 계절의 양극현상이 뚜렷한 곳이나 사계절이 분명한 지역은 생존을 위해 필사적으로 월동 준비를 해야 했다. 월동준비란 사실상 먹거리를 비축하는 일인 바, 음식을 보존하는 여러 방법이 강구되었다.

가장 대중적인 방법은 '소금절임'이었다. 영국이나 스칸디나비아 제국처럼 채소가 귀한 지역에서는 고기를 소금에 절인 햄(ham)을 만들어냈다. 햄이란 돼지고기를 소금에 절인 후 훈제하여 만든 방부성 식품을 말한다.

햄은 '무릎의 구부러진 부분'을 뜻하는 고대영어 'hamm'에 어원을 두고 있다. 본래 돼지고기의 넓적다리살을 일컫는 말로서 넓적다리고기를 뼈째로 갈무리한 것을 가리켰으나, 점차 그 가공품도 햄이라 불렀

다. 햄은 훈제과정에서 연기 속에 포함된 독특한 성분이 고기 속에 침투하여 방부 효과를 높이는 동시에 독특한 풍미를 갖게 한다.

햄의 유래는 기원전 1천년 경으로 거슬러 올라간다. 당시 그리스에서는 이미 햄의 원형이라 할 수 있는 훈제한 고기와 소금에 절인 고기가 만들어졌고. 로마시대에 이르러서는 연회나 원정군의 휴대식량으로 사용됐으며, 북유럽 사람들은 식욕을 돋구기 위해 햄을 식사 처음에 먹었다. 햄은 초기 유럽 정착민들에 의해 아메리카로 전해진 후로 미국 농장에서 애호하는 음식이 되었으며 늦가을과 겨울철에는 집에서 정성을 기울여 햄을 마련하는 전통이 생겨났다. 또한 이것이 점차 가내공업으로 발달하여 오늘에 이르렀다.

채소가 풍부한 지역에서는 야채를 소금에 절였다. 주로 배추와 무가 많이 쓰였다. 목축국가에 비해 상대적으로 고기가 귀했던 만큼 채소절임은 운명적 일이기도 했다. 대부분의 채소(나물)는 초기에는 말린 형태(무잎ㆍ무말랭이ㆍ호박고지ㆍ산나물 등)로 보관했으나 점차 소금에 절어졌다. 그런데 채소를 소금에 절여 갈무리하는 방식이 언제 어떻게 개발됐는지는 확실하지 않다.

중국에도 채라 하여 채소를 갈무리하는 방식이 있었고, 그것이 문헌을 통하여 우리나라에 전해진 것으로 추측될 뿐이다. 다만, 우리 선조들은 이들 소금에 절인 채소에 파ㆍ마늘ㆍ생강ㆍ생선ㆍ건과ㆍ배ㆍ고추 등 다양한 먹거리를 넣어 부패를 방지하고, 초산 발효를 촉진하여 맛을 향상시키고, 나아가 균형된 영양을 섭취할 수 있게 하는 김치를 만들어 냈다. 김치 덕분에 우리민족은 겨울철에도 충분한 양의 섬유질을 섭취할 수 있었다.

지금의 김치는 언제부터 시작된 것일까? 옛부터 우리나라에서는 항상 소금의 절대량이 모자라서 절절 매었다. 부족한 식염은 중국의 청도산 소금인 '청염(靑鹽)'을 수입하여 보충했으며, 소금이 귀한 까닭에 전

매제도를 실시했다. 따라서 소금을 이용한 음식은 매우 귀한 것으로 취급되었다. 예전에는 무와 배추를 양념하지 않고 통으로 소금에 절여서 묵혀두고 먹었는데, 이때의 김치를 '짠지'라고 했으며, 아껴서 먹었다.

고려시대 이규보의 『동국이상국집』에서 김치 담그기를 '감지(監漬)'라고 했고, 17세기의 요리서인 『주방문(酒方文)』에서는 김치를 '침채(沈菜)'라 했다. 침채가 딤채→짐채→김채로 변하여 오늘날의 김치가 되었다.

결국 김치란 '담근 것'이란 뜻이다. 다시 말해 초기의 김치는 배추를 소금에 절인 형태였지만, 16세기 전후에 일본과 중국을 거쳐 고추가 유입됨에 따라 상황이 급변했다. 고추는 수입되자마자 바로 김치에 쓰이지는 않았다. 17세기 말엽까지도 김치에 고추를 쓴 것은 하나도 없고 소금에 절인 김치와 동침(동치미)이 있었다.

고추는 18세기에 들어서부터 김치에 쓰이기 시작했는데, 당시 소금 품귀 현상이 원인이었다. 즉 소금의 대체품으로서 고추가 쓰여졌던 바, 그것이 본격적 고추 소비를 촉진시켰던 것이다. 고추가 소금 대용으로 김치의 방부제 역할을 했던 까닭이었다.

식품을 보존하는 또 다른 지혜는 '건조'였다. 예컨대 몽골은 대륙성 기후로서 여름에는 덥고 겨울에는 영하 45도C까지의 혹한이 계속되어 집 밖에서 활동하기가 매우 어렵다. 다행히 초원이 많다. 이런 기후·풍토 속에서 자연스럽게 목축업이 발달했다. 그러나 몽골인들은 될 수 있는 한 가축의 고기는 먹지 않고 풀이 풍부하게 자라는 여름과 가을에는 주로 짐승의 젖과 그것을 가공한 유제품을 먹었다. 몽골인들이 여름과 가을에 고기 먹는 것을 삼간 이유는 가축을 죽이면 젖이나 유제품을 계속 생산할 수 없었던 데 있다. 때문에 몽골인들은 젖의 생산량이 적거나 거의 없는 겨울과 봄에 고기를 말려 저장한 다음 사계절 내내 먹었다.

그런가하면 페루에서는 옥수수와 감자가 많이 소비되고 있다. 특이

언(冷) 감자를 탈수시켜 말려 발효시킨 '큐쇼'는 높은 지대에 사는 페루인들의 가장 중요한 보존식으로 스프의 바탕을 이루고 있다. 물도 귀한 데다 별다른 부식도 없는 까닭에 건조식품이 자연스레 발달한 것이다. 이와 같이 감자가 중요한 음식으로 자리잡고 있어서 페루에서는 매년 대대적인 감자축제가 열리고 있다.

한편, 겨울철 먹거리로 도토리묵을 빼놓을 수 없는데, 도토리는 동서양의 식생활을 그대로 보여주는 좌표이기도 하다. 무슨 말인가하면 옛날 독일지역에서는 도토리를 돼지에게 먹여 겨울 사이에 돼지를 많이 늘였다. 그리고 그것은 돼지고기 가공기술의 발달과 후추 수요의 증대를 가져왔다.

이에 비해 우리의 경우 서양에서는 먹는 방법을 몰라 돼지에게 억지로 먹였던 도토리에서 전분을 빼내어 도토리묵을 만들어 먹었다. 도토리묵은 먹을 것 없던 겨울철의 구황식품으로 요긴하게 이용되었다. 한겨울 골목길을 울렸던 "찹쌀떡~메밀묵" 소리는 이런 문화적 배경을 간직하고 있는 것이다.

식도락

멀어도 찾아가는 음식 탐험

송나라 시인 소식(蘇軾)은 대단한 미식가였으며 특히 돼지고기를 즐겼다. 그는 정쟁에 휘말려 황강에 유배됐을 때, 그곳에서 작은 황무지를 일구어 '동파(東坡)'라고 불렀다. '소동파'로 불리게 된 것은 이때부터의 일이다.

그런데 황강에서는 돼지고기 값이 무척 쌌기에, 그는 돼지고기를 마음껏 즐겨 먹었고, 곧 새로운 요리방법을 개발했다. 이것이 절강성 항주의 명물요리로 소문난 '동파육(東坡肉)'의 유래다. 또 이것이 황강이 있던 호북 지방이 아니라 항주의 명물로 된 것은 소동파가 곧 죄를 용서받아 서울로 돌아왔고, 다시 항주지사가 되었을 때에 백성들이 바치는 돼지고기와 술을 이용하여 이 요리를 잘 만들어서 백성들을 대접했기 때문이라고 한다.

인간의 가장 오랜 생활인 음식 만들어 먹기. 그 속에는 원초적 욕망과 최고의 쾌락이 함께 담겨 있으니, 배고픔을 면하려는 욕구가 곧 '욕망'이요 '식도락'이 쾌락이다.

식도락(食道樂)이란 무엇인가? 음식물을 입에서 위로 보내주는 통로인 식도(食道) 즉 밥줄을 즐겁게 해주는 일, 다시 말해 여러 가지 음식을 두루 맛보는 것을 즐거움으로 삼는 일을 가리킨다.

주지하다시피 고대에는 권력자만이 식도락을 즐겼다. 비록 요리는 화려하지 않을지언정 식량이 절대적으로 부족한 상황에서 산해진미를 마음껏 먹는다는 사실은 음식 맛 이상의 쾌감을 주었던 것이다. 로마 귀족들이 먹고 토하기를 반복하면서 연회를 즐긴 것도 권력이 안겨준 변태적인 식도락이라 할 수 있다.

그러나 냉철히 따져보면 서민들에게도 몇 차례나마 식도락이 있었음을 알 수 있다. 예컨대 우리나라의 고분 출토 유물 중에는 시루가 비교적 많은데, 이를 통해 그들의 식도락이 떡이었음을 짐작할 수 있다. 농경사회에서 가을에 기쁨의 수확으로 떡을 만들어 제사지내고 마을주민들이 나눠먹었던 것이다.

이에 비해 중국에서는 만두가 서민들의 대표적인 식도락으로 자리잡았다. 중국인들이 만두를 얼마나 즐기는지는 그 종류만 보아도 능히 알 수 있다. 만두에는 교자(餃子)·만두(饅頭)·포자(包子)·소매(燒賣)의 네 종류가 있고 다시 세분된다.

'교자'는 우리가 흔히 만두라 칭하는 것이고, 찐만두·튀긴만두·물만두·군만두로 구분된다. '만두'는 속이 들어있지 않고 부풀려 찐 흰 찐빵류를 말한다. 이른바 왕만두라 불리는 '포자'는 부풀린 반죽으로 속에 넣는 재료에 따라 수많은 종류로 나뉘고, '소매'는 크기가 작고 얇은 반죽에 조그만 속고물을 넣고 찜통에 넣고 찐 것을 가리킨다. 한자로 점심(點心)이라고 쓰는 '딤섬'은 자그만 대바구니에 쪄내는 작은 만두와 미니 요리를 일컫는 광동식 메뉴로서 10세기 초 광동 지방에서 시작됐다.

흥미로운 것은 식도락에 따라 주방기구가 발달됐다는 점이다. 이를테면 한국인들이 떡맛을 좋게 하기 위해 질시루를 만든 것처럼 중국인들은 만두를 잘 쪄내기 위해 대나무찜통을 개발하였다. 식칼의 경우에 있어서도, 일본칼이 얇게 떠내는 것에 편리하도록 만들어지고 한국칼이 썰고 찧는 용도에 맞게 만들어졌다면, 중국칼은 빨리 썰 수 있게끔 만들어졌다.

일본 음식이 시각적인 아름다움을 추구하고 한국 음식이 조화를 중시하는데 비해, 중국 요리의 특징이 잘게 부수어 빨리 볶는 것에 있음은 우연한 일이 아니었던 것이다.

식도락은 자연환경의 절대적 영향을 받았다. 이 점에서 따뜻한 지역의 사람들이 추운 지방의 사람들보다 훨씬 큰 혜택을 받았으니, 자연환경에 따라 지역마다 맛이 다른 점도 특이하다. 중국의 경우 동쪽은 매운맛, 서쪽은 신맛, 남쪽은 단맛, 북쪽은 짠맛이 우세하다. 바꿔 말해 중국 요리는 크게 북경식·상해식·광동식·사천식 등 4종류로 구분된다. 상해요리는 담백한 맛이 두드러지며 생선을 이용한 음식이 많다. 뱀이나 원숭이골 등을 이용한 희한한 요리는 대부분 광동식이다. 맵고 강한 맛이 특징인 사천요리는 마파두부 등 우리 입맛에 맞는 음식이 많다.

한국의 경우도 중국과 크게 다르지 않다. 내륙의 충청도는 양념을 많이 쓰지 않은 산채요리가 일품이고, 기후가 따뜻한 전라도는 음식가짓수가 많고 고춧가루를 많이 써서 매우며, 생선이 풍부한 경상도 음식은 대체로 얼얼하도록 맵고, 진취적인 평안도는 음식도 크고 푸짐하며, 권력이 집중된 서울은 양념을 곱게 다져 쓴다는 특징이 있다.

요컨대 전통적인 식도락은 그 지역의 기후와 토산물을 바탕으로 한 요리 속에서 피어난 토종꽃이었던 것이다.

하지만 현대에 들어와서는 식도락의 개념이 급격히 달라지고 있다. 요즘의 식도락은 그 지역의 특산요리를 즐기는 것이 아니라 별미 혹은 외식을 의미하며, 이른바 '퓨전 푸드'로 일컬어지는 혼합형 요리를 맛보는 일을 뜻하기도 한다. 이는 음식 보존방법과 냉난방 기술이 발달하고 토산물을 다른 지방에서도 쉽게 구할 수 있게 된 데서 비롯된 일이다.

몇 가지 서민적인 식도락을 살펴보자.

우리나라 경양식의 단골 메뉴 돈까스는 돼지 돈(豚)에다 커트릿(cuttet.얇게 저민 고기)을 합친 말이다. 독일·오스트리아·체코 등지에서 즐겨 먹는 빈식 돼지고기 슈니첼(Schnitzel)에 일본식 간장·물엿 소스가 곁들여지면서 경양식이 됐다. 비후는 쇠고기를 뜻하는 영어단어 비프(beef)의 일본식 발음으로 비후까스는 돈까스의 쇠고기 판이다.

자장면은 중국의 초장면(炒醬麵.볶은 장과 함께 먹는 면)에서 비롯됐고, 탕수육(糖水肉)은 설탕과 식초로 양념한 고기요리 탕초육(糖醋肉)에서 비롯됐으며, 짬뽕은 중국 메뉴에 없는 우리식 명칭으로서 그 원형으로 알려진 중국음식은 초마면(炒碼麵)이다. 매운 맛이 없고 국물맛은 짬뽕보다는 우동에 가깝다.

특기할만한 것은 한국인이 즐겨 먹는 중국 요리가 기본적으로 본토보다 야채 같은 부재료를 많이 쓰고, 대신 양념은 적게 써 느끼한 맛이 덜하다는 점이다. 새로운 요리가 유입되어도 일단은 현지인의 입맛에 맞게 약간 변화되는 특징이 있는 것이다.

이런 상황은 다른 나라의 경우도 예외가 아니어서 대만의 식품유통 그룹 프레지던트는 중국인 입맛에 맞도록 고추장과 케첩을 혼합한 '텐라장'을 편의점 등에서 팔고 있으며, 일본의 패밀리 레스토랑 다카라지마에서는 '가루비'·'곳초리'·'가쿠테키' 등이 인기 메뉴로 손꼽히고 있다. 가루비는 갈비의 일본식 이름, 곳초리는 겉절이, 가쿠테키는 깍두기인데 일본인들의 입맛에 맞게 요리되어 나온다.

최근 우리나라의 한 조사에 따르면, 응답자의 44%가 한달 외식비로 11만~20만원을 지출할 만큼 이제 식도락은 현대인들의 필수적인 즐거움으로 자리잡고 있다. 단지 음식만 먹기 위해서 외식을 즐기는 것이 아니라는 점은 음식점을 고르는 기준에서 확인된다. 실내분위기, 종업원 친절도, 위생상태 등이 음식맛 못지 않은 주요 평가기준으로 여겨지는 것이다.

옛날과 지금의 식도락을 구분짓는 특징은 또 있다. 주부의 손맛에서 전문요리사의 손맛으로 옮아가고 있다는 점이 그것이다. 잔치를 할 때도, 가족끼리 맛있는 요리를 먹을 때도 음식점을 찾는 발길은 이제 돌이킬 수 없는 상황이 돼가고 있다.

미래는 어떠할까? 일본 소비자들의 의식과 행동변화에 대해 2년마다 조사하고 있는 박보당(博報堂)이 1998년 성인남녀 2천 명을 대상으로 조사한 바에 따르면, 앞으로 일본 식품시장에선 △요리하는 수고를 덜어주는 식품의 확대 △장수식품의 발전 △건강증진식품의 개발 △한국 식품의 인기와 이탈리아 식품의 쇠퇴 등이 예측되었다. 또한 소화가 잘 되고 간편하며, 건강에 좋고 값이 싸면서도 맛좋은 식품, 그리고 포장용량이 적은 것이 인기를 끌 것으로 전망되었다.

정리해 말하자면 앞으로의 식도락은 무병장수를 위해 다품목 소량섭취로 되리라는 분석이다. 정말 그렇게 될지는 지켜볼 일이다.

기호식품

자본주의가 낳은 어른의 쾌락

오늘날 세계가 지구촌화됐지만 음식문화는 쉽게 동화되지 않고 나름의 특성을 간직하고 있다. 예컨대 프랑스에서는 말고기 · 개구리 · 달팽이가 기호식품이고, 일본에선 참새요리와 고래고기, 대만에서는 호랑이 성기 수프, 태국에서는 곤충 튀김, 사이판에선 박쥐, 동남아 일부 국가에서는 코끼리 코가 인기식품으로 통한다. 또한 지구상에서 가장 많은 것을 음식재료로 삼는다는 중국에서는 제비집요리 · 곰발바닥 · 원숭이골 따위가 고급 보신음식으로 여겨진다.

그런가하면 문화권이 아니라 계절에 따른 기호음식이 있으니 우리나라에서는 냉면과 추어탕이 그 대표이다. 예전에 겨울철 별미로 꼽혀왔던 것이 최근에는 여름철로 바뀌었을뿐 냉면은 우리의 대표적 계절 기호식이고, 추어탕은 변함없는 여름철 보양식이다. 이에 비해 일본에서는 자라와 장어가 대표적 보신음식으로 알려져 있고, 중국에서는 잉어

부레와 사슴힘줄을 넣어 만든 불도장이 대표적이며, 이탈리아에서는 갑오징어의 먹물로 만든 오징어 리조토가 여름철 기호음식으로 통한다. 땀을 많이 흘리는 계절에 쇠진한 기력을 보충하고자 하는 욕구가 그 형태와 맛은 다를지언정 모든 문화권마다 계절 기호식을 낳은 것이다.

그렇지만 기호식이라 하면 뭐니뭐니해도 디저트와 음료를 꼽지 않을 수 없다. '디저트(desserts)'란 식사의 마지막 코스를 일컫는 말이며, 후식(後食)이라고도 한다. 보다 엄밀히 말해 디저트는 식사를 마친 뒤에 입가심 혹은 맛있는 여운을 남기기 위해 약간의 별미를 즐기는 행위를 뜻하는데, 이때 먹는 음식은 적은 양에도 불구하고 뛰어난 맛을 자랑하기 일쑤다.

디저트라는 용어는 '식탁을 치우는'이라는 뜻의 'desservir'에서 유래했으며, 프랑스의 궁정 만찬 양식에서 비롯되었다. 프랑스식 만찬에서는 오르되브로에서 메인 디시에 이르는 일련의 요리가 진행되면 달콤한 생과자나 과일, 치즈의 디저트 코스가 시작되면서 느긋한 대화시간이 된다. 식사를 최대한으로 즐기는 이 우아한 형식은 18세기 말엽에 보급되어 간소화되면서 오늘에 이르고 있다.

이때 식사의 마지막에 먹게 되는 디저트 과자는 입에서 부드럽게 넘어가며, 위에 부담을 주지 않고, 적절한 감미와 깊은 맛이 있으면서 은근히 식욕을 돋우는 산뜻한 색깔에 보기 좋은 것이 특징이다. 젤라틴을 사용한 젤리나 바닐라 아이스크림 혹은 푸딩이 주류를 이루지만 구운 사과, 튀긴 과일 등도 있다. 정리해 말하자면 디저트는 식욕의 가장 사치스런 충족이자 많은 이들의 입을 만족시키는 농축 기호식인 것이다.

기호식은 생활에 여유가 많을수록 다양하게 발달한다는 특징이 있다. 그러하기에 생활이 윤택한 문화권일수록 별난 맛과 건강을 증진시키는 가지가지의 기호식이 잇달아 선을 보이고, 식당의 수도 많아진다. 레스토랑이 18세기 중엽 프랑스에서 효과 높은 정력회복 수프 덕분에

테마로 보는 동서문화풍속

번창한 사실이나, 1990년대 들어 우리나라에 각국 음식을 파는 색다른 외식문화가 보편화된 것도 같은 맥락의 일이다. 단지 배고픔을 면하기 위해 음식을 먹는 일이 음식맛을 즐기는 행위로 바뀐 것인 바, 요컨대 기호식은 경제적 형편이 어떠한지 가늠할 수 있게 해주는 가치판단의 기준인 셈이다.

그런 점에서 아이스크림과 청량음료는 현대인의 경제력이 이전시대의 사람들보다 훨씬 나아졌음을 보여주는 상징적인 기호식이라 할 수 있다.

아이스크림만 해도 고대에는 권력층만의 별식이었고, 19세기까지도 어른들의 기호식이었다. 예컨대 미국의 제3대 대통령 토머스 제퍼슨은 프랑스에 대사로 나가 있을 때 먹던 그 맛을 잊지 못해 귀국할 때 아이스크림 만드는 기계를 가지고 돌아왔고, 초대 대통령 조지 워싱턴도 아이스크림을 아주 좋아했다.

1790년, 당시 대통령이던 조지 워싱턴은 단 2개월만에 아이스크림 구입비로 당시로서는 큰돈인 200달러를 지출할 만큼 광적으로 아이스크림을 좋아했다고 한다. 하지만 아이스크림은 20세기 들어 대량생산으로 인해 대중화되면서 어른들의 입에서 아이들의 입으로 옮겨갔다.

청량음료의 경우도 마찬가지이다. 20세기 현대 문명을 대표하는 상품 중의 하나인 코카콜라는 애초 어른들을 위한 건강음료로 출발했으며, 갈증을 해결해주는 상쾌함과는 거리가 멀었다. 1886년 애틀랜타의 약제사 존 S. 펨버턴은 코카나무의 잎으로부터 코카인을 추출하고 콜라나무의 열매로부터 충분한 양의 카페인을 추출했다는 데 기초해 이 음료를 자양 강장제라고 선전했다.

당시 분위기는 마치 오늘날 우리나라에서 박카스·원비D 따위 드링크류를 자양 강장음료라고 선전하는 것과 같았다. 그러나 오늘날 콜라는 건강음료가 아니라 청량음료로 널리 팔리고 있으며, 또한 장년층이 아닌 청년층의 음료로 통하고 있다.

그렇지만 물량이 많아졌음에도 불구하고 아직까지 어른의 세계에서 아이의 세계로 넘어오지 않은 기호식이 있다. 바로 차(茶)와 커피이다.

차(茶)란 차나무의 어린잎을 따서 만든 음료의 재료를 일컫는 말이다. 중국에서는 처음에 '투'라고 발음하였으나 6세기 남조(南朝)시대 이후 '차'라는 발음이 생겼으며, 그대로 우리나라에 전래되었다. 영어 '티(tea)'는 중국어 'te'에서 유래하였다.

차는 당대(唐代)에 이르러 중국 전체에 걸쳐 도시에서 일반 서민이 보통 음료로 마시게 되었다. 몸에 좋은 음식 좋아하기로 우리나라 사람 못지 않은 중국인들에게 값싸면서도 건강에 이로운 차는 더없이 좋은 건강식품이었기 때문이다.

중국인들이 차를 선호한 이유는 수질(水質)이 좋지 않은 지역적 특성과 관계가 깊다. 즉 중국은 내륙성 건조지역이 대부분인 까닭에 물맛은 물론 물의 영양상태 또한 매우 나쁘므로 물을 끓여 마셔야 했는데, 이때 맹물보다는 건강에 좋은 차잎을 넣어 마시게 된 것이다. 그리고 음료로서 차를 마시다보니, 우리처럼 약간만 마시는 것이 아니라 큰 뚜껑이 달린 잔에다 대량으로 마시게 되었다.

차와 쌍벽을 이루는 커피는 1천년 전 이디오피아에서 처음 각성제로 이용되었다고 한다. 한 염소몰이꾼이 맛이 독특한 어느 야생나무의 붉은 열매를 기도 중에 졸음이 와서 못 견디겠다는 어느 수도승에게 건네주었고, 커피의 자극성은 수도승의 수양에 큰 도움을 주었다고 한다.

커피는 1618년 터키 군대의 전투 패배로 인해 유럽에 전해졌는데, 승리한 오스트리아 군대가 터키 군대의 막사에서 발견한 초록빛 콩을 불에 볶아서 가루로 만든 뒤 더운 물을 붓자 힘이 용솟음치는 멋진 음료가 만들어졌다. 커피의 맛은 오스트리아 사람들에게 뿐만 아니라 다른 외국인들에게도 인기가 있었고, 이윽고 세계적인 유행음료가 되었다.

그런데 다른 기호식과 달리 커피와 차는 흥분제 성분 때문에 아이의 세계로 넘어오지 않았다. 또한 단숨에 먹어 없애는 청량음료와 달리 그 맛을 천천히 즐기는 '시간적 여유'도 커피와 차를 어른의 세계에 머물게 하는 이유가 되고 있다. 그러나 어느 순간 이마저 달라질지 모른다.

왜냐하면 앞에서 살펴본 바와 같이 대부분의 기호식은 사실상 건강과 밀접한 관련을 갖고 태어났음에도 물량의 풍부함 덕분에 젊은층의 기호식으로 바뀌었기 때문이다. 미래세계에는 먹거리가 더욱 풍족해질 것이 분명한 바, 이제 어른들은 또 다른 기호식을 찾아야 할지도 모를 일이다. 기호식 - 자본주의가 낳은 쾌락의 또 다른 모습이자 물욕(物慾)의 얼굴이다!

주택

나라마다 주거형태가 다른 까닭

동굴이 인류시대 초기 주거지 역할을 했음은 잘 알려진 사실이다. 하지만 인간의 손에 의해서 세워진 최초의 주택은 움막집이었으며, 그 움막집은 적극적인 사람들에 의해 만들어졌다. 1만 8천~1만 2천년 전으로 추정되는 시대에 사람들은 이제 자연이 마련해준 천혜의 거처인 동굴을 찾아다니는 대신 스스로 필요한 곳에 필요한 공간을 만들기 시작한 것이다.

초기의 움막집은 땅을 둥글게 허리 정도 깊이로 파고 그 둘레에 나뭇가지를 엮어 세운 다음 그 위에 지붕을 얹어놓은 형태였다. 그런데 비록 얼기설기 엮은 것이지만 자신의 노력에 의해 집을 만들었다는 사실은 단순히 주거지 확보의 의미만 있지 않았다. 움막집은 집단 동거에서 개별 동거로의 사회체제 변환을 예고하는 중대 사건이었다.

혈거시대에는 모계(母系) 중심의 사회로서 집단혼(集團婚)이 이루어지고 가족 구성원도 동굴의 크기에 비례했지만, 이제 움막집 시대에는 부계(父系) 중심의 사회로서 개별혼(個別婚)이 이루어지고 가족 구성원도 움막집의 크기에 비례할 뿐만 아니라 약간의 사생활도 보장되었다. 따라서 일찌감치 좋은 동굴을 차지하고 움막집을 시답지 않게 보던 사람들도 서서히 움막집을 짓기 시작했으며, 이러한 유행은 집단 촌락 형성으로 이어지게 되었다.

이때 움막집의 형태는 깔때기처럼 생긴 형태가 주류를 이루었다. 벽체라는 개념이 발달하지 못한 이유도 있지만 그보다는 바람의 저항을 덜 받고 빗물이 고이지 않도록 하기 위한 목적이 컸다. 움막집의 내부공간은 불(火)을 중심으로 동심원을 그렸는데, 이런 형태는 단순하고 보편적인 주거양식으로 로마의 판데온 신전을 만든 원형이며, 이후 상당히 오랫동안 전해 내려왔고, 지금도 중앙아시아의 유르트(Yurt)와 아프리카의 이동 조립식 주거에 그 흔적이 남아 있다.

인류의 어린 시절 사람들은 부엌 혹은 화덕을 둘러싸고 먹고 자곤 했다. 태초에는 원형의 형태로 모여 살았지만 점차 사각형 공간의 효율성이 인정되면서 문명이 시작되었다. 네모꼴로 만들어진 집에는 곡식을 저장하는 곳과 외양간이 가장 먼저 만들어졌다.

그렇지만 주택에 있어서의 중심은 단연 부엌이었다. 인류는 부엌을 중심으로 어린 시절을 보내기 시작했고, 먼훗날의 문명권 사람들도 형태에 차이가 있을지언정 부엌 중심의 주거생활이기는 마찬가지였다. 현대인은 집의 중심적 공간을 거실이라고 인식하는데 익숙해져 있지만 거실 개념이 자리잡은 것은 근세에 들어서이며, 그 이전까지의 오랜 기간 동안 동서양을 막론하고 집에는 거실이란 공간이 뚜렷하게 존재하지 않았던 것이다.

지금 거실에서 일어나고 있는 복합적 생활 형태가 수용되던 곳은 오히려 부엌이었다. 부엌은 취사뿐만 아니라 작업과 가내 생산이 이루어

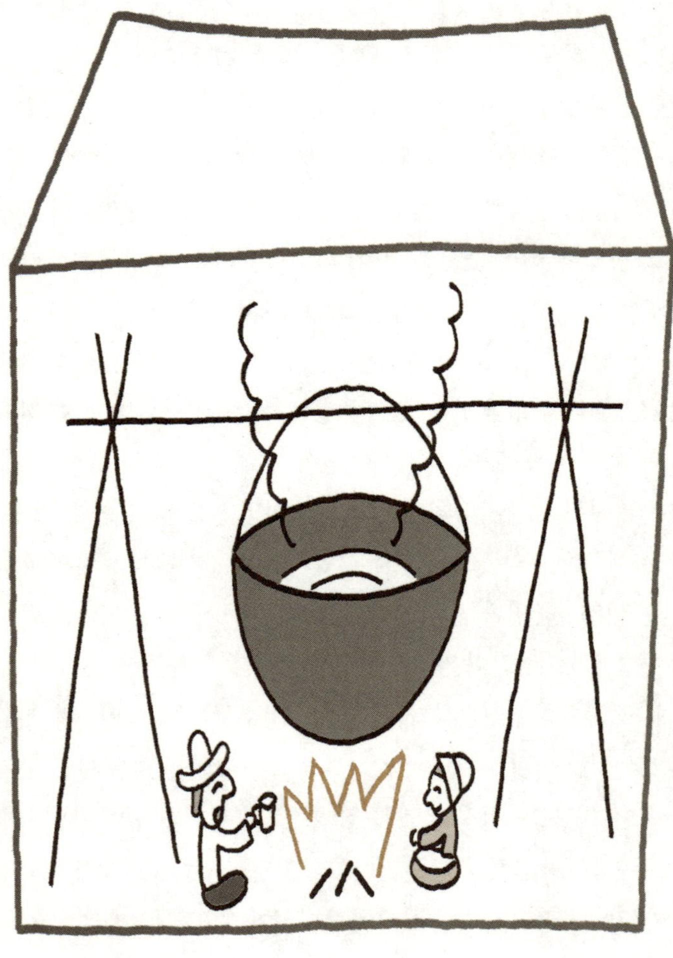

지는 곳이었으며, 무엇보다도 온 집안에서 가장 따뜻한 곳이었다.

이는 무엇을 뜻하는가? 그것은 '가정의 탄생'을 의미했다. 마치 불씨처럼 따뜻한 가족에 대한 애정·사랑이 인간의 감성에 자리잡은 것이다. 인류의 주거 형태가 개별 동거로 분화되면서 부엌으로 인해 본질적 의미의 가정 개념이 형성되었으며, 부엌은 그 가정의 중심지 역할을 했던 것이다.

부엌을 중시하는 사고의 흔적은 오늘날에도 찾을 수 있으니, 중국이나 우리나라의 일부 지방에서는 연말이 되면 부엌의 신(조왕신)에게 제사를 지낸다. 부엌 신이 가정의 길흉화복을 관리할 뿐만 아니라, 승천하여 옥황상제에게 보고하여 선행이 많은 집엔 복을 주고 악행이 많으면 재앙을 준다고 믿기 때문이다.

거실 중심의 주거문화는 17세기 말 경 아메리카 대륙에 이주한 청교도들에 의해서 형성되기 시작했다. 초기의 거실은 식당·거실·응접실을 겸한 방이었으며, 난로도 아궁이를 겸하는 식으로 되어 있었다. 뉴잉글랜드 지방에 개척 근거를 정했던 청교도들은 거실 중심의 주거를 만들고, 거기에서 식사를 하고 또 거기에 부엌도 붙여서 만들었다. '손님도 그리스도 아래서는 형제자매'라는 사상에 따라 거실에서 응대하고 식사 때는 요리를 나눠 먹었다. 이리하여 거실은 자연스레 주거의 중심이 되었던 것이다.

또하나 주택과 다른 건축물을 구별하는 결정적인 공간은 침실이었다. 초기 인류의 집에는 침실이 따로 없고 부엌이 곧 잠자리 역할을 겸했다. 상당히 진보된 로마시대에서조차 시골 서민의 집에는 기능의 분할이 제대로 이루어지지 않아 백성들은 부엌에서 먹고 잤으며, 심지어 가축까지 길렀다.

산타클로스의 접근 통로를 굴뚝으로 상정한 것도 부엌이 가정의 상징임을 증명하는 사례이다. 서양에서 굴뚝이 보급되기 시작한 것은 15

세기 르네상스 이후이며, 근대 굴뚝의 형태로 정교하게 발전한 것은 18세기 이후이다.

이에 반해 한민족은 고구려 시절부터 부엌과 굴뚝의 효용성에 일찍 눈을 떴다. 한민족의 부엌에서 가장 특기할 만한 것은 부뚜막과 가마솥이었다. 고대 서양인들은 쇠막대로 만든 삼각대에 냄비를 매달아 놓고 그 밑에 불을 지펴 음식을 끓였다. 이 요리방법은 오랫동안 지속되었는데 미국 개척의 오두막에서나 화려한 베르사이유 궁전의 부엌에서도 마찬가지였다. 그들에게는 부뚜막이 없었다.

반면에 한국인은 일찍부터 부뚜막을 만들었으며, 나아가 세계에 유례가 없는 온돌문화를 창조하였다. 온돌은 부뚜막을 연장시킨 독특한 주거문화인데, 온돌이 건강에 유익한 주거구조임은 과학적으로 증명되고 있다.

통풍이 잘 되도록 하여 무더운 여름을 이겨낼 수 있는 건축장치로 인정되고 있는 대청마루와 처마도 우리 민족의 지혜였다. 특히 처마는 차양 노릇도 하지만 찬 공기를 간직하는 구실도 한다.

전통가옥인 한옥(韓屋)에 '납작집'이 많은 것은 풍수에서 비롯되었다. 풍수설에서 높은 것은 양(陽)이요 낮은 것은 음(陰)인데, 한국의 지세는 양에 속하므로 집을 높게 지으면 국운이 쇠퇴한다고 믿었다. 고려시대부터 조선에 이르기까지 궁궐을 그다지 높게 짓지 않은 것은 건축기술이 발달하지 못해서가 아니었던 것이다. 하물며 일반 가옥이 높을 수는 없는 일. 따라서 대부분의 집은 납작집이었다. '땅에 가까워야 대지(大地)의 기(氣)를 흠뻑 받을 수 있다'는 사실을 조상들은 이미 직감적으로 알았던 것이다.

오늘날의 주된 주거형태는 아파트인데, 사실 1960년대만 하더라도 아파트라는 주거 양식은 많은 사람들에게 외면당했다. 우리나라 사람들에게는 온돌과 장독대와 빨랫줄 때문에 아파트 생활이 적합하지 않다고 많은 사람들이 말했다. 그러나 편리한 보일러와 취사용 가스, 냉장고와 세탁기가 일반화되면서 아파트의 인기는 단독주택을 넘어서게 되었다.

한편 세계 각국의 주택은 그 지역의 기후와 환경을 감안하여 나름대로의 주거문화를 형성하였다. 알프스 산맥과 같이 높은 봉우리 근처에 세워진 집들은 단조로운 산을 배경으로 대개 맞배지붕의 선을 고집하고 있으며, 강렬한 태양이 인상적인 스페인에서는 집 가운데에 파테오(중정:中庭)라는 정원을 만들어 햇볕을 부드러운 차양으로 바꾸었다.

그런가하면 사막지역에서는 더위와 하마탄(모래를 포함한 열풍)을 피하기 위해 진흙으로 두터운 벽을 만들고 창문은 극히 작게 만들었으며, 습기가 많은 동남아시아에서는 마루를 높이 올려서 습기를 이겨내는 지혜를 발휘하였다. 또한 울타리가 없어서 집안을 들여다볼 수 있는 것은 미국 주택의 특징인데, 이는 드넓은 신대륙에 싹튼 개방적인 국민성의 표징이라 할 수 있다.

목욕

건강과 미용을 동반하는 청결

목욕은 신체를 깨끗이 하는 수단을 일컫는 말이지만 예로부터 청결 이상의 의미를 지녀왔다. 미용·건강·질병치료 혹은 정화의식(淨化儀式)이 그것인데, 사실 목욕은 상류사회의 특권과도 같았기에 특별한 의미를 지니게 되었다.

목욕의 역사는 놀랍게도 원시시대까지 거슬러 올라간다. 기원전 2만년 경 사람들은 뜨겁게 달군 돌에 물을 끼얹어 사우나를 즐겼다. 목욕이 몸을 깨끗이 하는 것 외에 건강 증진에도 도움이 된다는 사실을 이미 알고 있었던 것이다. 그러나 현재와 같은 개념의 목욕은 문명사회의 형성과 더불어 특권층에서 시작되었다.

위생을 종교 철학으로 여겼던 기원전 3천년 경의 고대 힌두교도들은 테라코타 파이프가 갖춰진 개인용과 공중 욕탕을 갖추고 있었는데, 물

의 흐름을 조절할 수 있는 수도꼭지까지 있었다. 기원전 2천년 경 크레타섬 왕궁에는 머리 위에 물통이 달린 수세식 화장실이 있었으며, 이것은 역사상 최초의 수세식 화장실이었다.

고대 이집트인들도 더운 물과 찬 물이 나오는 동관을 설치하여 목욕하였다. 이집트인들은 고인 물 속에서 몸 씻는 것이 위생의 기본원칙에 어긋나는 일임을 알고 있었기에, 하인들이 물을 부어 주는 입욕(入浴)을 하였다. 그 후에 안마와 마사지가 행해졌다.

한편, 클레오파트라는 화장을 하기 전에 기초화장법으로 당나귀 젖목욕을 하여 아름다움을 유지한 것으로 유명했다. 그녀는 먼 길을 행차할 때 반드시 수십 마리의 암당나귀를 끌고 다닐 정도였다. 그 뒤의 유럽의 상류층 여인들도 더운 물 목욕과 포도주 세안을 피부미용방법으로 선호하였고, 우유 목욕을 적극 행했다.

고대 그리스의 남자들은 체력단련장에서 운동을 한 다음 사우나를 즐겼으며, 여자들은 가벼운 질병 치료나 피부미용을 위해 향수목욕을 즐겼다. 영국의 온천 도시 배스(Bath)는 김이 나는 습지에 몸을 담가 몸을 치료했다는 블라더드(리어왕의 아버지)에 의해 기원전 863년에 세워졌는데, 이로 인해 '목욕'을 뜻하는 영어의 어원이 되기도 했다.

목욕탕이 일반화되어 시민들에게 널리 이용된 것은 기원전 2세기 이탈리아 반도에서였다. 특히 폼페이의 스타비아 욕탕은 로마 제정기에 발달한 공중욕탕의 원형으로 유명하다.

공중욕탕이 크게 발달한 것은 네로 황제 때 로마의 도시계획이 추진되면서부터였다. 로마의 욕탕은 건강과 사교를 추구하는 오늘날의 헬스클럽과 같은 기능을 가졌으며, 한증욕과 마사지를 겸해서 하는 것이 특징이었다. 로마의 식민통치자들도 대규모의 온천지를 곳곳에 건설했다. 로마인이 떠난 후 온천지들은 오랫동안 버려졌으나 유럽 도처에 있는 과거의 치료장소에는 많은 교회가 세워졌다. 이곳에서도 교회의 밑

에 있는 온천에서 나오는 물로 채워진 성수반(聖水盤)에 몸을 담그는
치료법이 행해졌다.

로마가 멸망한 뒤 서양에서는 기독교 문화의 영향으로 몸을 다 드러
내 놓는 전신 목욕은 유혹을 일으키기 때문에 죄라고 여겨졌다. 때문에
침례를 받을 때 물에 몸을 담그는 것 외에는 거의 목욕을 하지 않았다.
화려했던 목욕 문화가 향락을 거부하는 기독교 문화의 영향으로 퇴락
한 것인데, 이때부터 서양인들에게 '목욕=향락'이라는 관념이 깊숙이
침투하였다. 서양인들이 목욕할 때 때밀이보다 샤워에 비중을 두는 것
은 이런 정서의 잠재적 반영인 것이다.

이렇듯 목욕하는 것 자체가 없어지면서 실내 욕실이 사라지게 되었
고, 대신에 대중 욕탕이 등장했다. 이때부터 도시나 농촌에서 공동으로
목욕하는 습관이 일반화되었다. 그 후 십자군이 터키 목욕문화를 들여
왔고, 공중 욕탕은 남녀가 뒤섞여 목욕하는 매춘장소로 타락하여 매독
의 온상이 되었다.

그런가하면 중세시대 유럽에서는 일정한 혈액을 몸에서 뽑아내는 희
한한 건강유지법이 유행하기도 했다. 이 일은 주로 목욕탕에서 행해졌
다. 몸이 따뜻해지면 피를 뽑기 쉬운 이유에서였다. 치료사는 인체의 몇
군데에다 상처를 내고 공기 압력으로 피를 뽑아냈다. 이때 피를 뽑는 일
을 하는 사람은 이발사였는데, 이들은 목욕탕 앞에 파란색과 붉은색으
로 된 줄무늬 광고등을 설치하여 혈액에 관한 지식을 적극 과시하였다.
파란색은 정맥, 붉은색은 동맥을 나타내는 것이었으며, 오늘날 이발소
광고등은 여기에 유래를 두고 있다.

'살결이 백옥(白玉)같다'라는 말이 있듯 흰 피부를 선호한 까닭에 우
리나라에도 일찍부터 목욕문화가 형성됐다. 문헌에 기록된 가장 오래
된 목욕은 신라 시조 박혁거세와 그의 아내인 알영에서 비롯된다. 마을
사람들이 박혁거세를 동천(東泉)에서 목욕시키자 그의 몸에서 광채가

났다고 하며, 입술을 흉하지만 몸매와 얼굴이 남달리 아름다운 알영을 북천(北川)에 데려가 목욕시키자 완벽한 미인이 되었다고 한다.

이런 설화의 영향 때문인지 신라인들은 목욕을 매우 즐겨했다고 전해진다. 그리고 이러한 터에 목욕재계를 계율로 삼는 불교가 전래됨으로써 신라인들은 목욕을 더 자주 하게 되었다. 또한 제례(祭禮) 전에 반드시 목욕재계해야 하는 관습도 이때 생겼다.

고려시대를 거쳐 조선시대 역시 목욕이 중시되고 대중화하였다. 냇가에서 목욕하는 서민들과 달리 양반층은 목간통이라 하여 나무로 만든 둥근 욕조를 안방 또는 사랑방에 들여놓고 하인들이 운반해온 더운 물을 끼얹는 방법으로 목욕을 하였다. 부부는 합방 이전에 온수로 목욕하였는데, 이는 온수 목욕이 성욕을 자극시키는데 도움이 되기 때문이었다. 특히 혼례를 앞둔 규수는 살갗을 희게 하기 위해 인삼탕·창포탕·복숭아잎탕·쌀겨탕 목욕을 하였다.

그러나 조선시대에는 노출을 꺼리는 생활관습으로 인하여 벌거숭이 상태로 목욕하지 않고, 옷 입은 채로 신체의 부분 부분을 씻어나갔다. 이 때문에 대형 욕조가 사라지고 대형 함지박과 대야가 많이 만들어졌다. 세숫대야는 가족이라도 각기 따로 사용했고, 먼 길을 가는 선비는 대야를 휴대했다고도 전해진다.

세정제로는 쌀겨와 쌀뜨물, 밀가루 등이 즐겨 이용됐는데, 이를 상대적으로 구하기 쉬웠던 방앗간집 딸들이 "피부가 곱고 아름답다"는 평을 동양(변강쇠전)과 서양(슈베르트 가곡)에서 각각 들었다. 양반집 규수들은 녹두나 팥가루를 조두박에 담아 썼고, "더러움을 날려 보낸다"는 뜻에서 이를 '비루(飛陋)'라고 불러 오늘날 '비누'의 어원이 됐다.

웃옷을 벗고 엎드린 사람의 등에 물을 끼얹는 '등멱'은 매우 특이한 우리의 목욕문화로 서민들 사이에서 널리 행해졌다. 별다른 목욕시설이 없는 가난한 사람들에게 등멱은 매우 간편하면서도 효과 높은 목욕법이었기 때문이다. 예전에는 목욕하러 가는 것을 일러 "먹 감으로 간다"고 했는데, 여기서의 '먹'은 '미역'의 준말이며, '미역'은 냇물이나 강물에 들어가 몸을 씻거나 노는 일을 가리킨다. 요컨대 냇물 따위에 몸을 담그고 씻는 일을 '먹 감다'고 표현했던 것이다.

20세기에는 동서양을 막론하고 대중 목욕시설이 발달하여 가내 목욕시설을 대신하게 되었다. 도시에서는 인구 증가에 비해 물 공급이 따르지 못해 공중욕탕이 널리 보급되었다. 우리나라에서 대중욕탕의 본격적인 발전은 일제강점기 때 일본인이 한국에 많이 이주해오면서부터이다. 해양성 기후조건으로 인해 자주 목욕하는 습관을 가지고 있었던 일본인들이 공중욕탕을 많이 설치했기 때문이다.

우리나라에 대중욕탕이 처음 설립된 것은 1924년 평양에서였다. 서울에는 이듬해 세워졌다. 현재는 가정에도 목욕탕이 있으며, 대중목욕탕과 온천도 여전히 인기를 끌고 있다.

헤어스타일

머리털을 통해 꾸미는 새로운 얼굴

머리털은 일찍부터 인류의 주목을 받은 인체의 한 부분이다. 다른 부분보다도 눈에 두드러질 뿐만 아니라 그 형태에 따라 독특한 아름다움이 느껴지기 때문에 그랬다. 헤어스타일에는 긴 머리, 땋은 머리, 단발, 파마 등 여러 가지가 있으며, 옛날부터 나름대로 의미가 있었다. 예컨대 몽골족의 변발(辮髮)은 말 꼬리를 흉내낸 것으로 기마민족의 정서를 반영한 헤어스타일이었다.

머리털은 그 무엇보다도 '새로운 아름다움의 창조' 때문에 사랑을 많이 받아왔다. 그 아름다움은 머리털이 개인의 표지인 얼굴 윤곽을 형성하는 데서 비롯됐다. 형태뿐 아니라 색깔을 통해서도 색다른 아름다움을 만들어낼 수 있었기에 아주 오래 전부터 그러한 노력이 시작됐다. 고대 이집트에 머리카락을 곱슬곱슬하게 한 형이 있었으며, 기원전 1세기 경 로마 시대에는 머리카락을 물들이는 풍속이 있었다.

헤어스타일의 역사에서 단연 돋보이는 것은 기원전 1세기~서기 1세기 경 사이에 있었던 로마인들의 유행이었다. 고대 로마시대의 헤어스타일도 오늘날처럼 여러 가지 유행이 있었던 것이다. 그 무렵 머리털 다듬기에 대한 관심은 여성에만 국한된 일이 아니었고, 남자들도 여러 헤어스타일을 선보였으며, 이를 등한히 하는 사람은 교양없는 사람처럼 여겨지는 분위기였다. 그리고 유행 주기(週期)도 굉장히 짧았다.

로마 여인들은 인두 · 헤어네트(haimet) · 염료 · 헤어핀 등을 사용하여 머리 장식을 했으며, 머리털 색깔이 검은 라틴계 여성들은 게르만족 여자노예의 머리털을 잘라 가발을 만드는 등 현대여성 못지않게 적극적으로 헤어스타일을 가꾸었다.

특히 금발에 대한 관심이 남달랐기 때문에 로마 여성들은 속이 빈 통 둘레에 머리를 나선 모양으로 꼬아 고수머리로 만든 다음 높이 쌓아 올리고, 멋진 빗이나 금실로 짠 그물로 고정시키는 헤어스타일을 선호했다. 금발처럼 보이기 위해서였는데, 좀더 형편이 나은 부유한 상류층 여성들은 머리에 금가루를 뿌려서 금발로 모양냈다. 이런 금발 열풍에 힘입어 로마에서는 금발 가발이 크게 유행했고, 로마 창녀들의 트레이드마크가 되기도 했다.

르네상스 시대의 최고 유행도 금발이었다. 당시 이탈리아 여성들은 샤프란과 양파껍질을 섞어 만든 물감으로 다투어 머리를 노랗게 염색했으며, 이탈리아 화가 보티첼리는 그 유명한 〈비너스의 탄생〉에서 비너스의 머리색을 당시 유행에 맞추어 금발로 그릴 정도였다.

16세기 프랑스에서는 백설처럼 흰 머리를 만들기 위해 '머리카락 가루'를 사용했다. 머리카락 가루란 잘게 갈은 표백 밀가루에 강한 향을 입힌 것으로 진짜 머리카락에든 가발에든 듬뿍 끼얹어 멋을 냈다. 이 때문에 빵을 만들기 위한 밀가루가 부족한 상황이 발생하기까지 했다.

머리에 대한 미적(美的) 눈길에 관련하여 흥미로운 점은 이집트 시대

클레오파트라의 조각에서 알 수 있듯 머리장식이 선정적인 신비주의를 돋보이게 하는 효과를 지녔다는 점이다. 특히 길고 곱게 가꾸어진 머리는 섹시한 여성의 전통적인 상징으로 간주되어 왔으며, 유럽에서 길게 풀어진 머리는 항상 젊다는 사실과 연관되었다. 긴 머리가 낭만적이며 정서적으로 따스하고, 에로틱하게 느껴지기 때문에 오늘날에도 젊은 여성들 중에는 머리를 길게 기르는 경우가 많다.

머리털 가꾸기에 대한 관심은 그 후에도 계속됐지만, 혁명적이랄 수 있는 변화는 1920년대에 나타났다. 소년미(少年美)를 강조하는 보이시(boyish) 스타일의 복장과 조화된 짧은 단발형 헤어스타일이 유행한 것이다. 이것은 헤어스타일의 역사상 하나의 혁명이라 할 수 있다. 왜냐하면 이제까지 여성의 머리 모양은 형태는 다를지언정 하나같이 부드러운 여성미를 강조한다는 공통점이 있었던 데 비해, 남성미를 겨냥한 최초의 헤어스타일 유행이었기 때문이다.

제2차대전 이후는 여성의 사회 진출에 따라 손질이 간단한 단발 파마가 유행했고, 한편으로 영화배우들의 헤어스타일이 유행의 진원지가 됐다. 1970년대 들어서는 런던의 미용사 비달 사순을 비롯한 헤어디자이너들에 의해 유행이 창출되면서 머리 치장이 화장의 조연에서 일약 주연으로 떠올랐다.

한 가지 흥미로운 점은 파마에 대한 인식이다. 우리가 '파마'라고 부르는 퍼머넌트 웨이브 헤어스타일은 고대 그리스시대에 이미 유행했는데, 그 무렵 여성들은 나이 들어 보이기 위해서가 아니라 곡선미의 아름다움을 강조하기 위해 머릿결을 땋았다 푸는 방법으로 웨이브를 만들었다. 그후 1875년 프랑스인 마르셀이 달군 쇠막대기로 웨이브를 내어 현대 파마의 창시자가 됐으며, 1906년 영국의 스피크만은 (화학약품에 의한) 콜드 웨이브를 창안하여 오늘날의 파마 웨이브를 유행시켰다.

우리나라에는 오엽주라는 미용사에 의해 1933년 파마가 처음 소개됐는데, 당시 장난기있는 남정네들이 날마다 몰려와 기웃거렸다고 한다. 한편, 우리 사회에서는 파마가 여성을 나이 들어 보이게 한다고들 하는데, 사실 이런 생각은 '긴머리=처녀'라는 관념에서 비롯됐다고 볼 수 있다. 다시 말해 '생머리'로 청소년 시절을 보낸 고정관념이 파마를 아줌마의 헤어스타일로 보이게 만드는 것이다.

여성 헤어스타일의 다채로운 변화에 비해 남성 헤어스타일의 변천은 무척 느렸다. 로마시대에 남녀를 불문하고 여러 헤어스타일이 유행했지만 남자 머리는 사실상 몇 가지에 지나지 않았을 뿐만 아니라 장발은 없었다. 다시 말해 어떤 모양을 하더라도 단발 상태에서 단정한 분위기를 연출했던 것이다. 이 시절 장발은 '나약한 여성'의 상징이었기 때문이다.

20세기에 들어서서야 현재와 같은 헤어스타일이 등장했다. 1930년대에 포마드로 머리카락을 바싹 붙인 '올백'이 나타났고 이어 '리젠트'가 유행했다. 리젠트란 런던의 거리 이름으로 1945년 경 이곳의 젊은이들 사이에서 양쪽 옆머리를 뒤로 붙이고 앞머리를 높게 한 헤어스타일이 유행한 데서 이 이름이 붙여졌다.

1964년에는 영국의 팝그룹 비틀즈가 장발 유행을 선도했는데, 단발이 여성 머리의 혁명이라면 장발은 남성 머리의 혁명이었다. 우리나라에서는 1970년대를 전후하여 장발이 청바지와 함께 '자유'의 상징처럼 여겨지기도 했다.

헤어스타일을 만들어내기 위해서는 자르고, 땋고, 늘어뜨리고, 웨이브를 만들고, 곱슬곱슬하게 하는 등 기본적인 기술을 요한다. 이와 같이 해서 보브·업·테일·컬리·웨이브·새비지·스파이키 등 여러 가지 헤어스타일이 만들어진다. '보브'는 18세기의 남성용 가발 머리형에서 비롯된 말로 머리카락의 끝이 안으로 말린 듯한 커트를, '업'은 머리를 가지런히 들어올린 모양을, '테일'은 묶어서 길게 늘어뜨린 모양을,

‘컬리’는 앞머리에 액센트를 준 모양을, ‘웨이브’는 물결 느낌의 모양을, ‘새비지’는 부스스하고 야성적인 모양을, ‘스파이키’는 머리카락 끝이 뾰족하게 올라선 모양을 가리킨다.

미래는 어떠할까? 헤어스타일의 역사가 참으로 변화무쌍하므로 추측이 쉽지는 않다. 하지만 분명하게 예측되는 두 가지가 있으니 바로 대머리 헤어스타일과 자기 멋이다. 유행이 단순과 세련을 반복한다고 볼 때 미래사회는 단연코 단순미가 지배하리라 여겨진다.

단발이 거추장스러움을 싫어하는 남성에게 오랜 세월 사랑받아 온 것처럼 미래에는 아주 짧은 머리 혹은 대머리가 실용성을 중시하는 사람들에게 호응을 얻을 것이다. 또한 모든 것이 스스로 해결할 수 있는 시대로 접어드는 바, 머리털을 다듬는 사람들도 미용실이 아니라 집에서 혼자 꾸미고 치장하게 될 것이다.

아름다움

자연에서 가장 우수한 것

아름다움이란 무엇인가? 아리스토텔레스는 '신의 선물', 플라톤은 '자연의 가장 우수한 것', 미켈란젤로는 '쓸데없는 것을 정화한 것', 셰익스피어는 '꽃', R. U. 존슨은 '신의 미소', J. 키츠는 '영원한 기쁨', H. 엘리스는 '사랑의 자녀'라고 말했다.

나름대로 모두 타당한 뜻풀이이며, 여기에는 한 가지 공통점이 있다. 바로 사람들이 좋아하거나 원하는 대상이 곧 아름다움이라는 것이다. 바꿔 말해서 아름다움은 곧 '좋음'이다.

이런 정서는 아름다움과 관련된 말의 어원에서도 확인된다. 아름다움을 의미하는 한자 미(美)는 양(羊) 밑에 큰 대(大)자가 받쳐진 글자인데, 고대 중국인들은 양고기를 맛있는 고기로 여겼기에 양고기 많이 먹는 것을 가장 좋은 일로 여겼고, 여기에서 아름다움이라는 뜻이 파생됐다.

영어 뷰티(beauty)는 '아름다운'이라는 뜻의 고대 프랑스어 'bellus'에 어조사 ity가 더해진 것으로, 'bellus'는 '좋은'이라는 뜻을 가진 bonus와 어원이 같다. beautiful(아름다운)과 beneficial(이익이 되는)은 어원적으로 연결되는 것이다. 다시 말해 무언가 이득이 되는 일이 곧 아름다움이었던 바, 이것 또한 '좋음=아름다움'으로 생각했던 중국인들의 정서와 통한다.

이에 비해 우리말 '아름다움'은 '아름답다'가 명사화된 말이다. 아름답다는 '나(我)'를 뜻하는 고어 '아'에 접미사 '답다'가 붙어서 된 말이며, 나다운 모습이 아름다움이라는 얘기다. 이것은 물에 비친 자기의 아름다운 모습에 반한 나머지 물에 빠져 죽었다는 고대 그리스 신화의 나르시수스와 맥락이 통한다는 점에서 흥미롭다. 즉 자기만족이 곧 아름다움이라는 생각인 것이다. 결국 좋음이든 자기만족이든간에 사람의 마음을 기쁘게 하는 것이 아름다움의 실체라 하겠다.

아름다움은 어디에 있는가? 미국의 소설가 L. 월리스는 "바라보는 사람의 눈 속에 있다"고 했고, 영국의 철학가 D. 흄은 "바라보는 사람의 마음속에 존재한다"고 말했다. 그만큼 주관적이라는 얘기다.

그렇다면 아름다움의 기준은 무엇일까. 그에 대해서는 명확한 설명이 어렵다. 왜냐하면 프랑스 사상가 B. 파스칼이 말했듯 "아름다움은 흔히 유행과 지역에 따라 결정"되기 때문이다. 이런 차이는 아름다움의 가치관이 주관적이라는 데서 비롯된다. 하지만 역사를 살펴보면 아름다움의 기준이 전혀 없지는 않았으니, 이는 사회환경 혹은 유행과 관계가 깊다.

고대 세계에서는 풍요함이 곧 아름다움이었다. 먹거리 해결이 시급했던 당시 넉넉해야만 안심됐던 까닭이다. 때문에 아름다운 여인은 항상 가슴과 엉덩이가 엄청 커서 아이를 많이 낳고 젖이 잘 나오는 모습으로 형상화되곤 했다.

그러나 사회와 식량체계가 어느 정도 안정되면서 아름다움의 기준과 대상이 달라졌다. 먹거리에서 쾌락으로 그 기준이 옮겨졌고, 성욕이 그 주된 대상이 됐던 것이다. 아리스토텔레스는 행복이 무엇이냐는 물음에 쾌락·명예·덕·재물로 분류하면서 그 중에서 쾌락을 첫째로 꼽았다.

이런 변모는 그리스 신화에 잘 나타나 있다. 미(美)의 여신인 아프로디테는 본래 사랑을 상징하는 모신(母神)이었고, 봄이 되면 만물에 생기를 돌아주는 빛의 여신으로 숭배됐다. 그런데 아프로디테는 로마시대에 와서 청춘의 상징이자 관능의 화신으로 여겨졌다. 로마에서는 이 여신을 베누스(영어로 비너스)라 불러 관능적인 사랑과 미를 강조했으며, 여성미의 이상으로 삼았다.

특히 알렉산드리아 시대(기원전 3세기~1세기) 이후에는 문학과 미술에서 이 여신을 애욕과 불륜의 여신으로 취급하여 갖가지 신화의 소재로 삼기도 했다. 의도적으로 금욕을 강조했던 중세 유럽을 제외하고는 전통적으로 유럽에서 아름다움은 관능미로 표현됐는데, 이 모두가 그리스·로마 문화의 영향을 받은 것이라 할 수 있다.

다만 성욕을 유발하는 관능미의 기준은 시대에 따라 차이가 있었다. 르네상스 시대는 가슴과 엉덩이가 큰 육감적인 몸매가 대우받은 반면, 쇠퇴한 혹은 부패한 시대에는 야윈 여성들이 미인으로서 대접받았고, 얼굴 또한 우수에 젖은 화장이 유행했다.

퇴폐미는 우수미(憂愁美)와 통한다. 장미의 시인 릴케가 많은 귀부인들로부터 구애를 받았던 연유는 우수미에 있으며, 남성처럼 차리고 다녔던 조르쥬 상드는 각혈을 하는 음악가 쇼팽의 모습에 퇴폐미를 느껴 그를 사랑했던 것으로 유명하다. 19세기 유럽의 낭만파 시인들은 앞다투어 과부의 우수미를 읊었으며, 비엔나의 무대를 휩쓸었던 음악 〈유쾌한 과부의 왈츠〉는 그런 맥락에서 탄생했다. 우리나라에서도 일제 강점

기나 6·25직후 같은 절망의 시대에 퇴폐미가 유행했던 바, 퇴폐미는 물질적 빈곤과 관계가 깊다고 볼 수 있다.

그리고 19세기 이전까지 아름다움의 모델은 지도층이었다는 특징이 있다. 중국 춘추시대 때 미녀 서시가 호리호리한 몸매로 오왕 부차를 사로잡자 여인들이 다투어 살을 뺐고, 당나라 현종이 통통하고 살이 뽀얀 양귀비에 홀리자 여인들이 얼굴을 하얗게 만드느라 법석을 떨었으며, 프랑스의 루이 15세에게 총애를 받았던 퐁파두르 부인의 올린 머리모양은 당시 귀부인들의 이상적인 아름다움으로 여겨졌다. 조선시대에는 정부에서 의도적으로 정숙미(貞淑美)를 강조함으로써 튀지 않는 행동이 아름다움으로 여겨지기도 했다.

그런가하면 아름다움에 대한 추구는 예술(藝術)을 낳기에 이르렀다. 탐미주의(耽美主義)가 그것이다. 탐미주의는 19세기 유럽에서 나타난, 미(美)의 창조를 예술의 궁극적 목적으로 삼는 문예사조를 일컬으며, 유미주의(唯美主義)라고도 한다. 탐미주의자들은 아름다움을 본의(本意)로 하지 않는 것은 예술이 아니라고 하여 본능대로 육감이나 찰나의 향락을 철저히 좇았다.

흥미로운 것은 이처럼 지역과 시대에 따라 차이 있었던 미적 관념이 20세기에 들어서 세계적으로 통일되기 시작했다는 점이다. 이는 매스미디어의 영향에 힘입어 생긴 현상이었다.

특히 텔레비전과 영화는 사람들에게 아름다움의 기준을 보여주었고 그 유행을 적극 선도하였다. 예컨대 〈로마의 휴일〉에서 오드리 헵번이 선보였던 헤어스타일은 영화의 성공과 더불어 전세계적인 유행으로 이어졌으며, 어딘지 멍한 매력을 발산했던 마릴린 먼로의 백치미는 새로운 관능미로 자리잡았다.

또한 동시중계성이 뛰어난 전파의 위력은 패션까지도 하나로 묶어 아름다움을 창출했으니 파리 패션쇼는 여성복을, 밀라노 패션쇼는 남성복의 유행을 이끌고 있다. 이전까지 아름다움의 모델을 사회지도층이 주도했으나 바야흐로 전문가가 그 역할을 자임하고 나선 것인데, 이는 전적으로 영상미디어 덕분이었다.

미래는 어떠할까? 미래세계는 통신의 영향력이 한층 강대해진다는 점을 감안하면 누군가에 의한 아름다움의 창조는 변함없이 계속될 것이다. 그렇지만 그보다는 개인주의적 분위기로 말미암아 자의식이 팽배해지고 개성미가 존중될 것이다. 유명 연예인을 흉내내는 아름다움이 아니라 자기만의 개성을 드러내는 아름다움이 사람들을 지배할 것이다.

그뿐만 아니라 아름다움의 실체 또한 변화될 것이다. 그저 '아름다움=미모'로 생각했던 단순한 관념이 '개성 발산'이나 '성취감있는 삶'처럼 인생의 묘미를 즐기는 정서로 이어질 것이며, 남녀 성개념이 무너진 중용미(中庸美)도 아름다움의 자리 한편을 차지할 것이다. 요컨대 미래의 아름다움은 '나를 위한 즐거움'이 중심이 되리라 믿어 의심치 않는다.

예절

상대를 배려하는 마음의 문화

지구촌에는 참으로 다양한 문화가 병존하는데, 가장 이해하기 어려운 것이 바로 예절문화이다. 예컨대 인도인들과 같이 목욕할 때 팬티를 벗고 샤워를 하면 손가락질 당하기 쉬우며, 말레이시아 사람에게 왼손으로 물건을 건네주었다가는 봉변을 당할 우려가 있다. 그런가하면 폴란드인들은 1년에 두 번 생일을 챙겨서 한국인들을 헷갈리게 한다.

왜 이런 차이가 있는가. 인도인들은 전통적으로 남 앞에 알몸을 내보이는 것을 부끄럽게 생각하며 알몸을 몰염치로 여기기 때문이다. 그래서 그들은 샤워할 때도 팬티를 입는다. 이슬람교를 믿는 말레이시아인들은 왼손을 부정한 손으로 여기며, 가톨릭을 믿는 폴란드인들은 태어난 날과 세례명을 받은 날을 모두 기쁜 탄생일로 생각하고 있는 까닭에 우리가 보기에 다른 예절문화를 보여주는 것이다. 그들의 입장에서 무릎 끊고 큰절 하는 우리의 예절 또한 신기하게 보일 것이다.

'예(禮)'란 주(周)나라 초에 주공(周公)이 정한 인간생활의 생활규범으로서, 한 개인과 모든 사회질서를 규정짓는 말과 몸가짐을 일컫는 개념이다. 예는 공동생활을 위한 관혼상제의 바탕으로 동양사회를 지배했으며, 중국·한국·일본의 독특한 단체정신은 예의 개념에서 비롯되었다고 볼 수 있다.

서양에서도 일찍부터 나름의 예절이 있었으나, '에티켓'이란 말은 프랑스의 루이 14세 치하에서 용변 처리와 관련하여 생겼다. 베르사이유궁전의 정원사는 아무리 정성들여 정원을 가꾸어도 어느새 누군가가 화단이나 잔디를 가리지 않고 짓밟아 무척 속상해 했다.

모든 사람들이 나무 그늘을 찾아다니며 볼일을 보는 데 그 원인이 있었으므로, 정원사는 고민 끝에 〈화단에 누구도 들어가지 말 것. 용변은 저곳에서〉라는 에티켓(푯말)을 세웠다. 하지만 처음에는 누구도 푯말에 신경을 쓰지 않았다. 그러나 얼마 후 '푯말에 써 있는 대로 지킬 것'이라는 루이 14세의 명령이 있자 상황이 달라졌으며, 그 뒤 '에티켓'이란 말의 뜻이 확대되어 '예절 바르게 행동하는 것'을 뜻하게 되었다.

예절의 범위는 너무나 광대해서 짧은 글로 모두를 설명할 수 없다. 그러므로 주요한 예절을 중심으로 하여 세계문화를 살펴보겠다.

예절문제에서 처음 등장하는 것은 호칭이다. 세계 대부분의 나라에서는 특히 친하지 않은 경우를 제외하고는 성(姓)을 부르는 것이 일반적이다. 성이 이름보다 앞에 있든 뒤에 있든 관계없이 그렇다. 상당히 개방적이라는 미국인들도 본인의 허락이 있지 않은 상황에서 함부로 이름을 부르면 달가워하지 않는다.

누군가를 소개할 경우에는 연소자를 연장자에게, 남자를 여자에게, 덜 중요한 사람을 더 중요한 사람에게 먼저 알린다. 반면에 서로 인사를 나눌 때는 반대의 경우로 손윗사람이 손아랫사람에게 먼저 손을 내민

에티켓
12
3
9
6
테마로 보는 동서문화풍속

다. 동양에서는 고개를 숙여 공경의 뜻을 표하여 왔지만 최근에는 악수로 대체되고 있는 실정인데, (먼저 고개 숙이는) 고개 인사와 혼동하여 먼저 손내미는 결례를 행하는 연소자도 종종 보인다.

악수는 무기를 지닌 사람이 비무장의 제스처로 빈손을 내보이는 데서 시작된 풍속이며, 이것이 '강자(强者) 우선의 원칙'으로 변모하였음을 알아야 하겠다.

'여자를 먼저 챙겨주는' 레이디 퍼스트의 관습은 여자를 소유물로 여겼던 시절 갑작스런 습격으로부터 여자를 보호하려는 의식에서 비롯되었다. 이후 중세 시절 로맨스 문학의 태동과 더불어 여성을 우대하는 신사도의 한 부분으로 인식되면서 전 유럽에 확고히 뿌리내렸다. 마차가 자동차로 바뀌었을 뿐 여자에게 문을 열어주는 것이나, 같이 길을 걸을 때 안쪽으로 배려하는 것은 같은 맥락이다.

어린이에 대한 애정 표시도 나라마다 다르다는 점을 간과해서는 안된다. 이탈리아에서는 유모차를 타고 있거나 엄마 손을 잡고 다니는 어린 아이를 오랫동안 쳐다보면 곤란하다. 미신이지만 이를 나쁜 눈짓이라고 생각하며, 아이도 곧 얼굴을 찡그리게 된다. 태국과 인도에서는 아이의 머리를 쓰다듬지 말아야 한다. '머리에 영혼이 들어있다' 생각하여 쓰다듬는 것을 터부시하기 때문이다. 또한 미국에서는 함부로 어린 여자 아이의 손이나 머리를 만지면 성추행범으로 몰리기 십상이다. 미국인들은 어린이라 하더라도 어른과 동일한 인격체로 여기는 까닭이다.

누군가를 만날 때 표하는 예의도 나라마다 다르다. 서양에서는 예외 없이 사전약속을 하고 사람을 만나며, 부모가 자식 집을 방문할 때도 미리 전화를 하여 동의를 얻는다. 일본인들도 보통 약속은 1~2주전에 한다. 우리처럼 "오늘 한 잔 하자"식의 갑작스런 제안은 무례로 통한다. 독일의 경우에는 이발소까지도 예약을 하고 가야 한다. 모두가 상대의 생활 리듬을 깨지 않기 위한 배려에서 비롯된 일이다.

음식 예절에도 차이가 많다. 일본에서는 젓가락만으로 식사를 하며 장국은 그릇을 들고 마시는 게 예의다. 반면에 중국에서는 밥 그릇 이외에는 손으로 받쳐 들지 말아야 하며, 국물이 있는 음식은 반드시 숟가락으로 떠서 먹어야 한다. 그런가하면 프랑스의 레스토랑에서는 빈 자리가 보여도 종업원의 안내를 받기 전에는 앉지 말아야 한다. 이는 귀족들이 하인들의 서비스를 받던 귀족문화의 유산으로서, '조용한 질서'를 중시하는 관념과도 맞닿는다. 식사할 때 칼질·기침·방귀 따위의 모든 소리가 '무식한 짓'으로 여겨지는 것이나 잠시 자리를 비울 때 칼과 포크의 위치로 식사중임을 표시하는 것도 그 때문이다.

공공장소의 옷차림에도 주의할 점이 있다. 햇볕이 아쉬운 북유럽 사람들은 날씨만 좋으면 웃옷을 벗고 일광욕을 즐기는 습성이 있다. 그런 풍경은 공원에서 자주 볼 수 있다. 하지만 따뜻한 남쪽의 그리스에서는 날씨가 아무리 더워도 옷을 다 벗어선 안된다. 할머니들로부터 돌팔매 세례를 받을 수도 있는데, 이는 그리스 국민들의 보수주의적 기질에 기인한다.

그 외에도 알아두면 유용한 예절문화는 다음과 같다.

태국에서는 여성이 승려의 몸에 손을 대거나 옷깃을 스쳐도 안되며, 물건을 건네주어서도 안된다. 고귀한 스님을 '불경스런' 여자가 건드렸다고 대단히 노하며, 운이 나쁘면 주위 사람들이 여성에게 몰매를 놓을 가능성도 높다.

멕시코에서는 여자가 남자에게 '생각없이' 선물을 건네서는 곤란하다. 이를 섹스에 대한 요구로 오해할 수 있기 때문이다. 중국에서는 괘종시계를 절대로 선물하지 말아야 한다. 중국에서 탁상용 기계나 괘종시계는 불길한 예감 또는 죽음을 의미하므로 이 점 각별히 주의해야 한다.

독일에서는 경미한 교통사고라도 책임 소재를 분명히 따지기 때문에 무심코 '미안하다'고 말하면 잘못을 시인하는 꼴이 된다. 호주에서는 택시를 탈 때 혼자라면 앞좌석에 앉아야 한다. 호주인들은 계급구조를 싫어해서 손님이라도 혼자이면서 뒷좌석에 앉으면 매우 불쾌하게 여긴다.

미국에서는 경찰에게 검문당할 때 절대로 차에서 내리면 안된다. 경찰은 차에서 내리는 사람을 공격하는 것으로 간주해서 총알 세례를 퍼붓는 경우가 많다. 그러므로 운전석에 앉아서 손을 머리에 올리고 기다려야 한다. 또한 거리에서 강도를 당했을 때도 반항하지 말고 품 안으로 손을 넣지 말아야 한다. 총을 꺼내는 것으로 오인해서 강도가 곧바로 총격을 가해오기 때문이다.

이상에서 살펴본 것처럼 예절은 문화권마다 다양하다. 그러므로 불필요한 오해를 사지 않으려면 그 나라의 문화 배경을 적극 이해하여야 한다. 그리고 또하나 알아두어야 할 것은 '상대를 배려하는 마음'이다. 이것은 어느 문화권이고 공통된 정서로서, 남에게 부담을 주는 않는 것이 예절의 기초라 하겠다.

교육

자격 획득 혹은 출세를 위한 배움

기원전 2천년 경 바빌로니아 제국이 메소포타미아 지역의 패권을 장악했을 때, 그들은 승리를 기념하고 나라를 안정적으로 통치하기 위해 수많은 비망록·목록·법률문서를 작성하였다. 기록이 중시됨에 따라 서기(書記)라는 전문직업이 탄생했고, 동시에 학교가 많이 생겼다. 서기가 되기 위해서는 '에두바'라는 학교에서 소년기부터 성인기까지 장기간 교육을 받아야 했다. 휴일은 월 평균 6일밖에 없었으며, 수업은 단조롭기 이를 데 없고 규율은 엄했다. 수업 중에 허락없이 말을 하거나 거리를 배회하다 걸려서 하루에 9번 곤장을 얻어맞은 학생도 있었다. 그럼에도 교육에의 열기는 식을 줄 몰랐다.

'교육'이란 '개인 능력을 기르기 위하여 가르치고 지도하는 일'을 뜻하는 말이다. 중국 고전 『맹자』에 "천하의 영재는 교육을 통해 얻는다(得天下英材而敎育之)"는 대목에 처음 등장한 후, 동양문화의 주요한 특징으로 자리매김해 왔다. 특히 기원전 6세기 경 공자는 교육의 가치를 새롭게 설정하여 주목을 끌었다.

그 이전 시대에는 귀족 가문에서 가정교사를 고용하여 특정 분야에서 자식들의 교육을 담당시켰고, 정부관리들은 하급관리들에게 필요한 기술을 가르쳐 주었다. 그러나 사회를 개조시키고 향상시킬 목적으로 일평생 배우고 가르치는 일에 전념한 사람은 공자가 처음이었다. 공자는 교직(教職)을 직업으로 확립시킨 첫번째 교사인 셈이다. 공자는 "배움이란 지식을 얻기 위한 것일 뿐만 아니라 인격의 도야까지도 포함한다"라고 정의했기 때문에 유학(儒學)의 창시자로 불리게 되었다.

'관료제도'라는 개념은 아시아에서는 아주 오래된 전통문화의 일부분인데, 이는 전적으로 공자가 주장한 교육의 의미와 맞닿아 있다. 유교 교육의 목표가 이론적으로 개인의 도덕적 수양에 있었다면, 실행에 있어서는 정부 관료의 선출과 양성에 있었다. 유교에 있어서 교육의 결과는 국가시험으로 검증하고, 이후 엘리트들이 국가를 이끌 수 있도록 만드는 강력한 도구로 작용했던 것이다.

유럽에서는 일찍이 그리스인들이 교육에 관심을 가졌다. 도시국가체제를 유지했던 그리스에서는 중국의 춘추전국시대 때처럼 많은 학자가 나타나 다양한 학문적 성과를 거두었고, '토론'이라는 민주적 교육방법을 선보였다. 이 시절 웅변 교육이 정치가로 입신출세하는 지름길로 여겨졌던 것도 논리를 중시하는 토론과 맥을 같이하는 일이었다.

그런가하면 스파르타에서는 '강자생존'의 독특한 교육방법으로 화제를 낳았다. 스파르타의 남자 아이는 일곱 살만 되면 부모 곁을 떠나 공동생활을 했는데, 음식을 언제나 모자라게끔 주어 자연스레 체육과 무술을 연마하게 만들었다. 스파르타인들이 이처럼 엄격한 교육에 집착한 것은 "강한 자들이 뭉칠 때 강력한 힘을 발휘한다"는 국제질서의 생존법칙을 누구보다 일찍이 깨달았기 때문이다. 따라서 스파르타에서

는 생존을 위해 '체력'을, 사회질서를 위해 '절제'를 강조했던 것이다.

그렇지만 교육을 받을 수 있는 신분은 오랜 세월 귀족계급에 국한됐고, 일반 백성들은 '까막눈' 신세를 면치 못했다. 요컨대 엘리트에 의한, 엘리트를 위한, 엘리트의 정치체제가 교육의 독점을 통해 지속돼왔던 것이다. 시민혁명의 원조로 여겨지는 프랑스만 하더라도 프랑스 혁명 직전에 귀족계급에 의한 국가지배를 타파하고, 학교를 통한 국가경영을 위해 '그랑제꼴'이라고 불리는 독특한 교육제도를 만들어 오늘날 엘리트들의 산실이 되었을 정도였다.

우리나라의 경우에도 양반에 의한 교육 독점은 구한말까지 계속되었다. 이를테면 고종은 개항과 더불어 영어 통역사의 중요성을 절감하고 국립영어교육기관인 육영공원을 설립하였지만, 자격은 양반으로 제한하였다. 현직 관리들을 대상으로 한 좌원(左院)과, 양반 자제들을 대상으로 한 우원(右院)으로 나뉘어 육영공원을 운영하였던 것이다.

교육의 혜택이 대중에게까지 미친 것은 사실상 20세기 이후의 일이었다. 왕정이 무너지고 선천적 신분체제에 대한 반발이 확산되면서 교육의 기회가 서민들에게도 주어졌던 것이다. 이때부터 각국은 나름대로의 문화를 바탕으로 국민교육에 나서게 되었다.

그렇다면 각국의 교육 방법은 어떠한가? 나라별로 간단히 살펴보면 다음과 같다.

전통적으로 서양에서는 아이를 '인격체'로 대하고 있다. 스페인에서는 신의 사랑과 자연의 은덕, 혹은 부모 은혜에 대한 감사의 마음을 심어 주고 있으며, '처벌 금지'가 교육 특징인 스웨덴에서는 아이들을 여러 사람 면전에서 때리면 부모라 할지라도 경찰에 고발된다. 하지만 영국인들은 엄격한 교육을 선호하고 있어서 교사의 체벌도 허락한다. 영국 총리 토니 블레어는 지금도 초등학교에 다니는 세 아이를 매로 키운다고 한다.

　미국 교육의 특징은 '자율적 경쟁'인데, 이런 정서는 아이를 어른과 동일한 인격체로 여기는 데서 기인한다. 미국인들은 아이들 복장도 어른처럼 입히고 말씨·생각·태도까지 어른처럼 하게 하는 경향이 있다. 어린이가 남에게 응석을 부리는 것도 죄악으로 여긴다. 따라서 미국에서 일등주의가 성행하고 빈부 차이가 심한 것은 당연한 일이다.

　동양은 어떠할까? 유교 사상이 강한 중국에서는 어른에 대한 복종과 예절을 중점적으로 가르친다. 중국 특유의 '노인정치(老人政治)'는 이런 정서의 연장선상에 있다. 반면 일본 가정교육의 기본은 "남에게 폐를 끼치지 말라"이다. 때문에 정치인이 국민에게 결정적 누를 끼칠 경우 깨끗이 물러나는 전통이 있다.

　이에 비해 인도네시아에서는 "부모가 자식에게 가르친다"기보다 "신이나 자연이 인간에게 가르친다"는 생각이 강하다. 때가 되면 제가 알아서 다 한다는 것이다. 따라서 이 나라에서는 '내 아이가 몇 살 때 무엇을 했다'는 등은 자랑거리가 되지 않는다. 인도네시아에서 독재체제가 유달리 강한 것도 자연주의적 정서와 무관하지 않다.

　우리나라의 경우, 전통적으로 약간의 응석은 받아주되 지나친 응석은 혼내주면서 '예절바른' 아이로 키우려고 애를 써왔다. 때문에 '버릇없다'는 말은 곧 '예절 없다'는 뜻인 동시에 욕으로 통하기까지 했다. 그러나 요즘에는 식당이든 극장이든 어디에서나 어린이들이 소리를 지르고 뛰어다녀 다른 사람에게 피해를 주는 일이 흔해졌다. 이런 문화가 책임감 결여의 정치인들을 쏟아내고 있는지도 모를 일이다.

　어떤 교육 방법이 최상인지는 아무도 모른다. 한때 세계를 휩쓸었던 미국식 교육이 평균 이하의 학생을 양산하는 문제점을 드러내고, 자유주의적 프랑스식 교육이 치안 불안의 원인으로 여겨지는 현실이기 때문이다. 클린턴 미국 대통령은 '10대 교육개혁안'을 선언하고, 프랑스에서는 '부모의 권위 실종'이 청소년 탈선을 낳고 있다하여 '친구같은

아빠'가 아니라 '아버지다운 아빠'를 찾자는 움직임이 있지만 해결책
은 요원해 보인다.

방법이야 어찌됐든 교육에 대한 가치는 날로 증가하고 있다. 모든 것
이 교육이라는 과정을 통해 권위를 부여받는 실정이다. 예컨대 정보화
교육 과정을 이수하면 정보전문가가 된다. 오죽하면 인도 점성가협회
는 1997년 4월, 엉터리 점쟁이들이 사기행각을 벌여 점성가의 명예를
떨어뜨리고 있다면서 정부에 대해 '진짜'를 가려내 줄 자격공인제도의
도입과 정식교육과정 설치를 요구하기까지 했을까.

방법의 오류가 있을지언정 교육의 가치는 영원할 것이다.

독서

부족한 지혜를 얻기 위한 간접 체험

세종대왕, 정조대왕, 마티아스, 링컨, 나폴레옹, 비스마르크, 디즈레일리, 처칠.

이들에게는 공통점이 있다. 무엇일까? 바로 정치적 업적이 뛰어나 백성들로부터 존경과 사랑을 받은 위인이자 바쁜 가운데서도 독서에 힘쓴 인물들이라는 사실이다. 그렇다. 독서는 현명함을 배울 수 있는 좋은 자양분인 바, 그 자양분을 충분히 섭취한 사람들은 명쾌한 판단력과 강력한 추진력에 힘입어 당대는 물론 후세에까지 명(名)정치인으로 이름을 떨치게 된 것이다.

독서(讀書)는 '책을 읽는 것'이지만, 본래의 뜻은 '학업을 닦음'으로 『예기(禮記)』 문왕세자편에 처음 등장한다. 영어 'read'는 '상담하다'라는 의미의 고대어 'rædan'에 어원을 두고 있으며, 책을 통해 현인과 상담했음을 암시하고 있다. 어떤 경우든 부족한 지혜를 얻기 위해 독서

A

하였던 것이다.

책을 읽는 데는 동서고금을 막론하고 아무런 차이가 없을 것 같으나 그렇지 않다. 예컨대 시대에 따라 묵독(默讀) 혹은 음독(音讀)이 권장되는가 하면, 옛날에는 가을이 독서의 계절이던 것이 지금은 겨울이 그 자리를 차지하고 있다. 그런가하면 민족성에 따라 독서 경향이 다르게 나타나기도 한다. 선진국의 경우를 살펴보자.

미국인들은 인간관계 및 인성개발에 힘을 기울이고 있고, 긴박감 넘치는 추리소설을 좋아한다. 영국인들은 타인의 사생활에 대해 많은 관심을 갖고 있고, 역사 소재물을 즐겨 읽는다. 영국은 극성을 부려가며 유명인의 사생활을 취재하는 파파라치 문화가 가장 활성화된 나라이기도 하다.

독일인들은 다른 사람들에게서 삶의 위안을 얻으려 하는 경향이 있으며, '수출강국' 이미지가 강한 국가이면서도 독서에서만은 '수입강국'이다. 베스트셀러에 외국작품이 번번이 상위를 차지하기 때문이다. 프랑스인들은 자기 자신의 일에 몰두해 남의 일에는 눈길을 주지 않고, 소설에 있어서는 작품성을 중시한다.

또한 프랑스인의 모국어 사랑은 언어의 장난이 아니다. 프랑스 문화 전체에 관한 것이며, 그 표현수단이 위태롭게 기울어지면 동시에 문화 전체가 위기에 빠진다고 믿는다. 사상과 표현에 대한 이 같은 생각은 프랑스인들의 독서를 유별나게 만든다. 소설이든 논픽션이든 국내 저자들만으로 베스트셀러가 완전히 메워지는 것이다. 프랑스는 독서 대담 프로그램이 매우 활성화됐을 뿐 아니라 주요 시간대에 방영되어 높은 시청률을 점유하는 것으로도 유명하다.

그렇다면 독서에 얽힌 역사는 어떠할까? 기원전 2세기에 나온 양피지는 8세기 뒤 이탈리아에서 종이가 등장하기까지 책을 만드는 재료로 널리 각광받았고 독서를 가능하게 해줬다. 양피지를 계기로 현재와 같은 종이 크기도 등장했다. 한번 접은 것이 2절지, 그것을 또다시 접은 것이 4절지, 다시 한번 더 접은 것이 8절지로 자리잡게 된 것이다. 프랑스에서는 프랑수아 1세가 통치하던 1527년에 종이의 규격을 어기는 사람들을 구속하는 법이 마련되기도 했다.

반면에 중국에서는 서양보다 6백년 정도 빠른 서기 105년 후한(後漢) 사람 채륜(蔡倫)이 종이를 발명하여 독서문화에 혁명을 일으켰다. 예전에는 종이 대용으로 쓰인 비단이 너무 비싸서 기록을 남긴다는 것을 꿈도 꾸지 못하던 사람들조차 다투어 값싼 종이를 사다가 시국에 대한 비판에서부터 개인 일기 또는 여행기록을 쓰는데 사용했던 것이다.

우리나라는 4세기 경 닥나무로 종이를 만들었고, 신라 종이는 중국인들로부터 '천하 제일'이라는 평을 들었다.

동양에서는 종이혁명에 힘입어 일찍부터 책이 만들어지고 그 가치가 높이 인정됐지만, 서양에서는 12세기 들어서야 책의 가치가 인정되기 시작했다. 당시 서양의 고리대금업자들은 돈을 빌려주면서 책을 담보로 잡기도 했고, 그 무렵 책은 가보(家寶)로도 여겨졌다.

하지만 이때까지만 해도 독서 인구는 지배층과 종교인에 한했다. 그러다가 15세기 중엽 구텐베르크에 의해 인쇄술 혁명이 일어나면서 독서 인구가 급격히 늘었다. 종교전쟁이 한창이던 16세기 파리 세느 강변에는 헌책방 거리가 형성되어 시민들의 사랑을 받았으며, 이때부터 책은 어디에서나 휴대 가능한 품목으로 자리잡으면서 성직자 등 일부의 전유물에서 벗어났다.

한편, 지금과 같은 형태의 눈으로 읽는 묵독은 서양에서는 10세기에 이르러서야 보편화됐다. 그 전의 독서는 교회 등에서 한 사람이 큰 소리로 읽으면 다른 사람이 듣는 음독의 형태로 진행됐다. 성경을 읽을 때는 눈만이 아니라 온몸으로 읽어야 신의 뜻을 완벽하게 파악할 수 있다는 인식 때문에 몸을 마구 흔들어대기도 했다.

묵독은 당시에는 큰 충격이었다. 성 아우구스티누스는 묵독이 주는 자기 성찰 효과에 얼마나 큰 충격을 받았던지 그의 『참회록』에서 일화로 소개할 정도였다. 동양에서도 독서할 때는 "공자 왈, 맹자 왈…" 반드시 소리를 내어 읽었는데, 19세기 말엽 서구문화의 유입과 더불어 묵독으로 바뀌었다.

이에 비해 우리나라에서는 전통적으로 (의식 있는 남자라면) 밖에서는 뜻있는 벗들과 사귀고, 집에서는 성현들의 책 읽는 것을 미덕으로 여겼다. 신라시대에는 관리를 등용할 때 그 사람의 독서범위와 수준을 헤아려 인재를 등용하는 독서삼품과를 설치하여 독서를 권장했고, 고려시대에는 세계 최초로 금속활자를 만드는 등 인쇄술이 발달하여 많은 책들을 간행했다.

또한 조선시대 초기에는 성리학으로 무장한 신흥 사대부계층이 독서문화를 선도했으니, 이들은 평소에는 경전(經典)·사서(史書)를 읽으며 교양을 쌓다가 기회가 닿으면 정치 일선에서 활동하곤 했다. 따라서 독서는 선비계층의 주업이었다. 독서할 때는 좋은 향을 피워 머리를 맑게 했다. 그러나 이 시대까지의 독서는 지배계층에 한한 일이었다.

그러던 차 15세기에 세종대왕이 한글을 창제함에 따라 획기적 변화가 일어났다. 악장·시조·가사 같은 한글 시가문학이 꽃피었고, 한글로 쓰여진 기행문·일기·편지·소설 등이 잇달아 나왔다. 특히 한글 소설의 등장은 여성들의 독서 능력을 크게 높였다. 18세기 이후에는 글을 읽을 줄 아는 사람이 돈을 받고 여러 사람(문맹자) 앞에서 낭독하는 일이 빈번해졌으며, 시정에는 책을 빌려주는 세책가(貰册家)가 나타났다. 급기야 직업적인 이야기꾼도 등장했다. 이들은 청중을 모아놓고 「심청전」, 「춘향전」, 「숙향전」 같은 소설을 읽었는데, 요긴한 대목에 이르면 사람들이 돈 던져주기를 기다렸다가 뒤를 이었다고 한다.

19세기 후반에는 근대적 신문이 창간되고 서구문물이 들어오면서 새로운 독서문화가 형성되었다. 신소설·역사서·위인전·교과서, 각종 잡지와 일반 서적이 대량 출판된 것이다. 이때 1천여 개에 달하는 사립학교는 문맹률 저하에 크게 일조했고, 일제시대 내내 독서모임의 불씨를 지켜나가는 데 바탕이 됐다. 광복 이후에는 새 국가 건설에 맞춰 교육열이 한층 높아졌고 독서는 출세의 수단이 되기도 했다.

독서문화는 1970년대 후반 또 한번 변했다. 1974년 전철과 1980년 교보문고로 대표되는 대형서점의 출현이 새로운 독서문화를 낳았던 것이다. 대형서점은 독서인구를 한층 넓히는 역할을 했고, 지하철 독서는 진지한 것보다는 가벼운 읽을거리를 선호하게 만들었다. 오늘날에는 일년 내내 책 한 권 읽지 않고 신문 한 장으로 독서를 대신하는 사람이 상당히 많은 실정이고, 심지어 텔레비전만으로 지내는 사람도 드물지 않다. 생각해 볼일이다.

학문

지식의 전문화를 위한 파고들음

미국의 앤드류 카네기는 어린 시절 어려운 환경 속에서도 자기 계발을 게을리하지 않았다. 가난 때문에 마을 학교를 다닌 것이 정규 교육의 전부였지만, 왕성한 지식욕을 지녔던 그는 독서의 세계로 자진해서 걸어 들어갔다. 청소년시절 온갖 잡일을 하다가 전신 배달부를 지원한 것도 틈틈이 책을 읽기 위해서였다.

그는 우선 전신에 관한 책을 많이 읽었다. 업무 향상을 위한 독학이었다. 마침 전신회사의 앤더슨 소장이 카네기의 열의를 기특히 여겨 자기 도서실에서 자유롭게 책을 읽을 수 있게 해주었다. 당시 상황에 대해 카네기는 이렇게 회고했다.

"앤더슨은 내 최초의 은인이다. 그는 4백권 이상의 자기 도서를 내놓아 독서를 즐기는 소년들로 하여금 책을 읽을 수 있게 해주었다. 아, 앤더슨 대령! 나는 그를 생각할 때마다 너무나 감사한 마음이 든다. 매주 토요일 오후 대령 자신이 직접 책을 빌려주고 돌려받는 일을 했다. 빈곤

했던 내 교양은 그의 도서실에서 살찌었다. 나는 그의 은혜에 감사하며 독서하는 즐거움을 맛보는 동안에 한 가지 결심을 했다. 나도 훗날 부자가 된다면 반드시 무료 도서관을 설립하겠다고."

카네기는 여기서 성공의 발판을 닦았다. 어느 날 전신기사가 없는 사이에 들어온 전신을 카네기가 정확하게 수신한 일과, 얼마 후 철도부에서 지배인이 없는 비상상황에 다이어그램(열차 운행표)을 완벽히 만들어 사고를 방지한 일은 모두 독학으로 익힌 지식이 큰 힘이 됐고, 그 뒤 성공의 길을 달리게 됐다.

사업가로 출세한 뒤, 카네기는 자신의 성공 이유를 도서관 덕택으로 돌리는 것을 잊지 않았으며, 무려 3천여 개에 달하는 공공도서관 설립을 지원하여 '강철왕' 외에 '도서관왕'이라는 별칭도 얻었다. 카네기에게 있어 독서(혹은 학문)는 성공을 낳은 모태이자 성공을 키워준 자양분이었던 셈이다.

학문(學問)은 문자가 만들어진 뒤 생긴 문명인의 행위이다. 있었던 일이나 상상에 대한 '기록(記錄)'이 인류사를 선사시대와 역사시대로 구분짓는 잣대라면, 그 기록을 읽어 익히는 '학문'은 간접경험으로 이어져 자신의 세계를 넓혀나가는 새로운 재생산이다. 바꿔 말해 문명인의 기본 조건은 기록과 독서에 대한 관심이며, 학문하지 않는 사람은 (극단적으로 말해) 원시인과 다름없는 것이다.

그랬다. 학문은 시대를 불문하고 사회에서 필요한 생존능력을 키워주는 필수불가결한 영양분 노릇을 했다. 한 예로 기원전 3천년 경 수메르 사회와 고대 이집트의 서기(書記)가 막강한 권력자로 통한 사실은 문자 해독 능력이 사회에 얼마나 큰 영향력을 끼쳤는지 짐작할 수 있게 해준다.

당시 청소년들은 글 읽는 방법을 배우기 위해 오랜 기간 엄한 체벌을 감수했는데, 그런 면모는 오늘날이라고 해서 크게 다를 바 없다. 오히려 현재의 청소년들이 더 살벌한 교육풍토에서 경쟁을 벌이고 있다 해도 과언이 아니다. 학문은 그렇게 일찍부터 '생존의 무기'로 자리잡았던 것이다.

오늘날 유명 스타들이 팬들에게 자기 이름을 휘갈겨 써주는 오토그래프(Autograph), 즉 사인(sign)의 유래만 해도 그렇다. 사인은 중세 유럽의 일부 귀족과 지식인들이 도장이 아닌 자신의 이름을 서명한 것이 효시였으니, 이것은 '배움의 과시'였다. 문자를 읽고 쓸 줄 아는 특권층의 과시행위로서, 사인이 도장보다 '세련된' 증명 표시로 여겨졌던 까닭이다. 사람들은 점차 사인을 따라했는데, 서민들이 글씨를 알지 못했기 때문에 사인을 모방하려고 해도 흉내내기가 쉽지 않았던 점도 사인이 도장을 제치면서 대중화되는 결정적 계기로 작용했다.

이것은 서양에서 많은 사람들이 글을 배우게 되면서 사인이 도장을 대신하게 된 시기와 일치한다는 점에서 쉽게 확인된다. "현대 의사들의 권위는 라틴어로 휘갈겨 쓴 처방전에서 나온다"라는 세간의 비평적 지적도 그런 점에서 일리가 있다.

역사에 있어서 학문의 효용성은 여기서 그치지 않는다. 나폴레옹이 전쟁 중에도 책을 읽은 독서광이라는 사실은 유명한 일이며, 그의 전략이 독서에서 비롯되었음은 누구나 아는 얘기다. 그뿐인가. 우리나라에서 역대 최고 통치자로 평가받는 세종대왕이나, 그 못지 않은 능력을 지녔으나 의문 속에 일찍 세상을 떠난 정조(正祖)도 엄청난 독서광이었다. 이때의 독서는 지혜의 어머니인 동시에 권력 장악의 원초적 힘이다.

왕조시대에 관리를 선발할 때 옛글을 그대로 암기하거나 응용하여 시문(詩文)을 짓게 한 것도 학문의 가치를 일깨워주는 사례라 할 수 있다. 요즘 입시에서 중요시되는 논술도 따지고 보면 옛날의 과거시험과 별반 차이가 없다. 과거나 입시의 글쓰기는 비평문의 성격이 강한데, 비평은 학문을 전제로 하고 있기 때문이다.

이렇듯 학문과 권력 입문이 친밀한 관계를 가졌던 것은 시대상황과 관련이 깊다. 19세기 이전에는 노동력(혹은 전투력)으로서의 인력이 절대 부족했다. 다시 말해 대부분의 사람들은 일하고 싸우느라 세월을 보내야 했고, 오직 소수의 사람들만이 관리자로서의 편안한 직업을 부여받았다. 이때 상류사회의 상징적 특권은 학문이었으며 그들은 시간이 날 때면 사랑방에서 공자왈 맹자왈 고전을 읽거나 혹은 풍광 좋은 정자에서 시문을 지으며 특혜를 만끽했다.

서양의 경우도 마찬가지여서 집에 서재가 있다면 그 집주인은 귀족임에 틀림없었다. 책을 읽든 읽지 않든간에 지식수준을 과시하기 위해 서재를 만들었기 때문이다. 현대 사회의 졸부들이 장식용으로 거실에 책을 전시해 놓았던 것처럼.

그런 점에서 20세기 이후의 현대인들은 모두 특혜를 받고 태어난 셈이다. 19세기 이전 배움의 기회를 가질 수 있는 대상층이 전체 인구의 20%를 넘지 않았으나 그 반대로 됐기 때문이다. 더군다나 기본적으로 글을 깨우칠 수 있게끔 웬만한 나라에서는 국민 모두에게 초등교육을 무료로 해주고 있으니 이제 '학문'은 특권에서 사라지고 말았다.

그런데 이게 웬일인가. 특권의 기회를 주었는데 그 특권을 스스로 버리는 사람들이 늘고 있는 것이다. 불과 1백년 전까지만 하더라도 글을 배우고 싶어 서당 근처에서 귀동냥하던 아이들이 즐비했건만 '기회의 평등'이 보장된 오늘날 학문을 기피하는 사람이 너무나 많다.

예나 지금이나 학문은 여전히 능력의 자양분이다. 그것도 단순히 정보를 축적하는 일에 그치지 않고 글쓰기 능력의 향상으로까지 이어진다. 무솔리니의 예를 들어보자.

그는 늘 독서를 했으며, 읽은 것을 체계적으로 메모해 두었다. 학문을 좋아하는 대부분의 사람들처럼 그는 글도 잘 썼다. 히틀러가 나치즘을 『나의 투쟁』이라는 6백 페이지나 되는 책으로 설명한 데 비해 그는 파

시즘 이론을 단 10여 페이지 팜플렛에다 요약해 두었다. 그는 독재자였지만 일반인들의 예상과 달리 한편으로 지적 교양이 있는 사람이었던 것이다.

　같은 맥락에서 학문의 필요성은 미래사회에서도 사라지지 않을 것이다. 우리는 이미 그런 상황을 맛보고 있다. 흔히 정보의 바다로 일컬어지는 인터넷은 대중들에게 수많은 정보와 더불어 글쓰기 공간을 제공하고 있다. 이미 밝혔듯이 글쓰기 능력은 학문에서 시작된다. TV가 등장했지만 라디오가 건재하듯이, 전자책(e-book)이 등장해도 종이책은 사라지지 않을 것인 바, 학문과 글쓰기의 효용성은 높아만 갈 것이다.

춤

감정을 발산하는 몸짓

"트위스트는 소란스런 우리 시대 유행의 가장 적절한 표현이다. 그 춤, 액세서리, 가운, 그리고 소녀들은 광란의 최첨단에 서 있다."

4/4박자의 경쾌한 음악에 맞추어 허리를 중심으로 상·하체를 좌우로 흔들면서 추는 트위스트는 1960년대 초 미국에서 등장하여 사교계에 받아들여지면서 전세계적으로 유행했다. 독특한 엉덩이와 다리 동작은 '한쪽 발로 가상의 담배를 비벼 끄면서 가상의 수건으로 엉덩이를 닦는 것'으로 표현됐는데, 미국의 비평가 M. 사발은 위와 같은 말로 그 당시의 열풍 이유를 설명했다.

비단 트위스트뿐 아니라 춤은 그 형태에 있어서 약간의 차이가 있을지언정 시대를 불문하고 항상 화제를 낳아왔다. 왜 그럴까? 춤은 사전적으로 정의하면, '장단에 맞추어 손짓·발짓을 하며 온몸을 율동적으로 움직이는 동작'을 뜻한다.

그러나 보다 문화적으로 정의하면 춤은 '율동적인 몸짓 언어'다. 무당의 춤은 액운을 풀기 위해 신령님에게 드리는 경건한 말씀이고, 브라질의 삼바는 스트레스를 풀기 위한 치료제이며, 배꼽춤은 성적 분위기를 돋우기 위한 은밀한 메시지이며, 발레는 승화된 아름다움을 보여주는 예술인 것이다.

최초의 춤은 기쁨의 표시로 행해졌다. 짐승 사냥에 성공한 뒤 자신도 모르게 흥에 겨워 리듬 있는 몸짓을 반복한 것이 춤의 기원이었다. 처음에 한 두 사람이 시작하다 점차 부족사회의 특색있는 유희로 변화됐고, 나아가 특정한 날의 의식행위로까지 발전했다. 오늘날에도 아프리카의 원시문화권에서는 그런 춤의 흔적을 종종 볼 수 있다.

그런데 문명사회 들어서서 춤은 크게 두 가지 형태로 분화됐으니, 대중들 사이에서 생긴 민속춤과 지배계층을 위해 생긴 무용이 그것이다. 백성들은 특별한 형식없이 자유롭게 팔다리를 흔들었지만, 지배계층은 전문 무용수들의 춤을 감상하며 권위적인 분위기를 조장하거나 향연을 즐겼다. 그나마 서민들은 춤출 수 있는 날이 드물었고, 그런 면에서 춤은 오랜 세월 하나의 특권으로 통했다.

근대 이전까지만 해도 춤은 지배계층을 위한 움직이는 장식품의 성격이 강했다. 예컨대 고대 그리스의 주연 풍경은 이러했다.

먼저 아리따운 젊은 여성이 피리를 불며 감미로운 분위기를 조성한다. 이윽고 넓은 집에서는 무희들이 요염하게 춤을 추어 쾌락을 자극하고 술이 거나해진 남자들은 무희를 경매로 하룻밤 산다. 목적은 다르지만 우리나라의 궁중무용이나 서양의 발레 등도 지배계층을 위한 춤이었다는 점에서 크게 다를 바 없고, 춤사위 하나하나에 뜻이 담겨 있다.

이에 비해 백성들은 주로 잔칫날에 춤을 즐겼다. 추수가 끝난 뒤 신에 대한 감사의 표현이자 기쁨의 몸짓으로 춤을 추었고, 결혼식 날에도 마음껏 춤을 추었다. 그다지 자유롭지 못했던 옛날에는 서민들이 기쁨

을 향유할 수 있는 일이 드물었으므로 자연스레 결혼식이 동네 잔치로 여겨졌다.

이를테면 중세 유럽에서는 결혼식이 끝난 뒤 마을 주민들에게 피로연을 제공하고, 사람들은 춤으로써 답례를 하는 것이 관습이었다. 특히 19세기 독일에서는 결혼식만 있으면 동네 사람들이 모두 참석하여 요란하게 축하했는데, 시끌벅적하게 노는 게 독일인 기질인지 요즘에도 독일인들은 맥주집에서 술을 마시다가 악단 연주에 맞춰 춤을 춘다.

사우디아라비아에서도 결혼식이 끝나면 기호품과 사우디 전통차 '샤이'를 즐기며 하객들은 음악에 맞추어 노래하고 춤을 춘다. 이때의 춤은 형식에 구애받지 않고 자기 맘대로 흔들며, 동작에 별다른 메시지가 담겨 있지 않다.

그렇지만 일반인에게 있어 춤이 지닌 가장 강한 상징은 '접촉'이다. 혼자가 아니라 짝을 지어 추는 춤이 인기를 끄는 것도, 선정적인 춤이 언제나 눈길을 끄는 것도 모두 접촉의 상징성 때문이다. 흥미롭게도 여성은 남성보다 접촉으로서의 춤에 높은 관심을 보인다. 춤 잘 추는 남자를 멋지게 생각하고 그와 한 쌍이 되어 춤추는 것을 즐겨 상상한다. 사춘기 소녀가 무도회에서 잘 생긴 왕자와 춤추는 광경을 상상하는 것이나, 이른바 춤바람을 '여자의 탈선'과 같은 맥락으로 여기는 것은 이런 정서를 바탕에 두고 있다.

춤에 대한 여성의 심리가 어떠한지는 "춤을 출 때는 악마가 즐거이 바이올린을 켠다"는 독일 격언이나 "여자에게 춤을 가르쳐 준 것은 틀림없이 악마였다"는 영국 작가 T. 풀러의 말에서 능히 짐작할 수 있다. 아그네스 드 밀레라는 사람은 이런 말도 했다.

"직업으로 춤을 춘다는 것은 성으로부터의 자유로움을 의미하게 된다. 춤은 무의식적이기는 하여도 육체적인 사랑을 완전히 대신해 준다. 춤은 여성을 도덕적인 책임이나 육체적인 재난에 얽매이게 하지 않는 유일한 신체적인 행위이다.”

묘하게도 춤바람은 여성의 인권을 신장시키는 결과를 낳기도 했다. 사교춤이 그 역할을 했으며, 왈츠가 대표적인 사례이다. 19세기 초 오스트리아에서 시작되어 유럽을 휩쓴 왈츠는 상류사회의 교양 있는 춤으로 여겨지는 동시에 사교계에 남녀 동반을 관행화시키는 작용을 했다. 이후 서양에서는 남녀가 함께 춤을 추는 것은 사교계의 전형적인 풍물이 됐으니, 구한말 박정양 공사 일행은 미국 워싱턴 사교계를 둘러보고 다음과 같은 기록을 남겼다.

“술과 안주가 넘치고 관현(管絃)이 흘러나오며 남녀가 서로 포옹하니 대저 음악이 있으며 무도(舞蹈)가 있는 법이라. 가장 이상한 것은 여인이 가슴과 팔을 노출한 이가 많음이라. 혹은 수건을 목에 건 이도 있고, 혹은 머리털을 품에 헤뜨린 이도 있고, 또 혹은 다래 머리를 뒤로 드리운 이도 있는데, 부인 처녀 할 것 없이 다 모였으니 우리나라 안목으로 보면 자못 놀랍고 아찔하다.”

20세기 들어서서 접촉으로서의 춤은 한층 기세를 드높였다. 영국에서 발생한 퀵스텝은 파티나 댄스홀의 춤으로 자리를 잡았고, 중남미에서는 삼바·보사노바·맘보·탱고·살사 등이 크게 유세를 떨쳤다.

우리나라의 경우 해방 후 미군이 진주하면서 맘보와 지르바를 유행시켰으며 이 무렵 부녀자들은 춤바람으로 물의를 일으켰다. 우리 사회에서 여성의 발언권이 어느 정도 주목받기 시작한 시기가 춤바람 유행과 맞물려 있음은 주목할 일이다. 공산국가에서 ‘여성의 춤’을 오랫동안 금기시한 것도 춤의 위력을 느끼게 해주는 사례라 할 수 있다.

현대 들어서서 춤은, 무용으로서의 춤은 물론 스포츠댄스, 에어로빅, 볼룸댄스, 테크노댄스 등 그 종류가 더욱 다양해졌고, 춤출 수 있는 시간과 장소도 한결 상황이 나아졌다. 사람들은 이제 축제나 특별한 날에만 춤을 추는 것이 아니라 즐기기 위해서 평상시에도 춤을 춘다.

　바꿔 말해 현대인은 이전 시대의 사람들보다 한층 신장된 인권을 춤을 통해 확인하며 나아가 존재의 의미를 느끼는 것이다. 몇해 전 상영되어 화제를 모은 일본 영화 〈쉘 위 댄스〉에서는 중년 남성이 춤을 통해 자아(自我)를 발견한다는 내용을 담고 있는데, 여기서 중년 남성이 시대의 약자로 설정됐다는 점만 차이가 있을 뿐 춤의 개방성·접촉성은 다르지 않다.

　미래사회에서도 춤은 여전히 폐쇄된 사회를 여는 첨병 구실을 할 것이며, 정체성을 찾는 사람들의 돌파구가 될 것이다. 왜냐하면 춤은 즐거움을 생성시키거나 증폭시키는 힘을 지니고 있기 때문이다.

　하지만 춤은 단순히 즐거운 동작으로만 끝나지 않는다. 맺고 풀음의 끊임없는 반복으로 이어지는 춤은 끝없이 숨쉬는 사람들의 호흡과 마찬가지로 순환의 반복과정인 바 그 속에 인생을 담고 있는 까닭이다.

미술

보이는 것에 대한 인상적인 표현

16세기 초엽의 일이다. 이탈리아의 화가 라파엘로가 어느 저녁 노을이 짙어지는 조용한 날에 음식점에서 밥을 먹게 되었다. 그때였다. 한 젊은 어머니가 어린아이를 안고 낮은 목소리로 노래를 부르고 있고, 그 곁에는 한 어린이가 서 있는 모습이 눈에 들어왔다. 참으로 평화롭고도 아름다운 풍경이었다.

그 광경을 본 라파엘로는 갑자기 몹시 그림이 그리고 싶어졌다. 그러나 캔버스를 비롯한 그 어떤 그림도구도 가지고 있지 않았다. 주변을 두루 살펴보니 헌 포도주 물통이 보였다. 라파엘로는 음식점 주인에게 급히 필기구를 부탁했다. 이윽고 그는 둥근 뚜껑을 들고 거기다가 그 광경을 그렸다. 그러고는 그 그림을 25센트짜리 저녁값으로 음식점 주인에게 주었다.

오늘날 이 그림은 명작의 하나로 손꼽히는 〈세데마의 성모〉라고 불

려지고, 피렌체의 피데 궁전 갤러리에 소장되어 있다.

'미술(美術)'은 공간적 · 시각적 아름다움을 나타내는 그림 · 조각 · 건축 · 공예 등을 뜻하는 말이다. 대개의 경우 그림이 대표적으로 손꼽힌다. 영어 아트(art)는 '기술'을 뜻하는 라틴어 'ars'에 어원을 두고 있다. 눈에 보이는 대상을 기술적으로 잘 표현한 데서 미술의 개념이 탄생한 것이다.

미술, 그 중에서도 '그림'은 사물이나 물체의 모습을 평면적으로 표현한 예술이다. 아주 오랜 옛날부터 사람들은 눈에 보이는 물체들 중에서 인상적인 것을 표현하고 싶어 했다. 하여 어떤 이는 무서운 동물의 모습을 그렸고, 어떤 이는 먹고 싶은 사냥감을 그렸다. 석기시대 사람들은 대부분 동물을 그렸는데, 이것은 주술적 의미를 담고 있는 것으로 여겨진다. 피해야 하거나 혹은 잡고자 하는 동물들을 그린 것이다.

재미있는 것은 원시시대의 동굴 벽화를 그린 이들은 대부분 왼손잡이라는 사실이다. 왼손잡이라는 점은 어떤 근거로 판단할 수 있을까? 그것은 사람의 일반적 습관 및 특성에서 미루어 추측한다. 얼굴의 옆모습을 그릴 때 오른손잡이인 사람이 그리면 왼쪽 방향의 옆얼굴 쪽이 되기 쉬운데 비해, 왼손잡이가 그리면 그 반대로 되는 경향이 있다. 따라서 이 기준을 적용하면 원시인들의 왼손잡이 · 오른손잡이 여부를 쉽게 판별할 수 있는데, 동굴 벽화에 그려진 동물들은 대개 머리 방향을 오른쪽으로 하고 있다.

미술사에서 획기적인 일은 인체의 표현이라 할 수 있다. 조개껍데기에 구멍을 내어 사람의 얼굴을 나타내거나 바위에 얼굴 형태를 대충 조각한 따위의 단순한 묘사에서 보다 구체적으로 인체를 표현한 것인데, 이런 일은 조직사회의 등장과 더불어 시작됐다. 여기에는 권력의 힘이 작용했다. 즉 보고 싶은 사람을 추억하기 위해 그 얼굴을 그리는 소박한 마음이 아니라, 모셔야 하는 특별한 인물을 기리기 위한 충성심에서 통치자의 모습을 똑같이 만들어낸 것이다.

그런 점에서 고대 그리스인들은 남다른 생각을 했다. 그들은 하늘에 존재한다고 믿어지는 신들의 모습을 사람처럼 표현했으며 그것을 동상으로 만들어 모셨다. 이때 여신상의 경우 팔등신(八等身)의 개념을 도입함으로써 이후 서양 여성의 미인 몸매의 기준이 되게 하였다. 뿐만이 아니다. 그리스인들은 각 지역 시민들로부터 받은 진귀한 물건을 신전에 보관한 다음, 사람들에게 개방하여 언제든지 그 전시품들을 보면서 신을 찬미하도록 했으니, 이는 미술관의 효시라고 할 수 있다.

그림에 자기 생각을 덧붙이기 시작했다는 점도 중요한 변화라 할 수 있다. 똑같은 대상을 표현하되 창조하는 작가에 따라 다른 분위기가 생성된 것이다. 많은 화가가 등장하면서 여러 가지 유형의 그림들이 탄생했으며, 그 특징이 돋보인 예술가는 다른 이들의 모방의 대상이 됐다. 예나 지금이나 모조품이 성행했다는 사실은 좋은 것을 추구하는 인간의 본능에 시대 차이가 없음을 알게 해준다.

그런데 미술이 많은 사람들에게 사랑을 받은 가장 큰 이유는 '감정이입'에 있었다. 작품을 보면서 그 속에 있는 자신을 느끼거나 혹은 대리만족을 느끼는 즐거움이 미술을 사랑하게 만든 것이다.

로마의 시인 호라티우스는 그림을 가리켜 '말 없는 시(詩)'라 했다. 그림 속에는 아름다운 감정이 들어있다는 뜻에서이다. 그런가하면 프랑스의 사상가 파스칼은 "실물에는 감동받지 않으면서 그것이 그림이 되면 꼭 같다고 감탄한다. 그림이란 어찌 그리 허망한가"라는 말로 그림에 대한 사람들의 묘한 감정을 비판하기도 했다. 어느 경우든 그림이 사람들에게 얼마나 인상적인 역할을 하는지 일깨워준다 하겠다.

바로크 · 로코코 · 고전주의 · 인상주의 · 큐비즘 등등 미술사에 등장하는 여러 사조는 예술가들의 창작열이 얼마나 뜨거운지 알려주는 사례들이다. 그대로 모사하기보다는 새롭게 재창조하기 위한 노력의 과정에서 기존 풍조에 반발하는 사조가 탄생한 것이다. 17세기에 유행한 바로크양식은 르네상스의 직선성(直線性)에 대한 반동으로 생겨났고, 바로크의 생기있고 장중한 멋이 세련된 감각과 개인적인 살롱 취미로 바뀌면서 화려한 로코코 양식이 탄생했으며, 로코코에 대한 반동으로 지적·기교적 요소를 중시하는 고전주의가 탄생했다. 그 뒤의 인상주의·신고전주의·큐비즘·추상주의 등도 같은 맥락에서 빚어진 현상이다.

미술에 있어 또 하나 흥미로운 점은 동서양에 차이가 크다는 점이다. 특히 '여백'의 차이가 그렇다. 이를테면 서양화는 대부분 화면이 여러 색채로 가득한 것이 특징이다. 하늘을 그릴 경우 파란색 또는 노란색으로 바탕을 칠하고 해 또는 달과 별을 그린다. 반면에 동양화는 "여백의 아름다움"을 중시한다. 때문에 색채보다는 선(線)으로 형태를 묘사하고 하늘은 그냥 여백으로 남겨두는 경우가 많다.

왜 동양화에는 여백이 많은 것일까?

오랜 역사를 보건대 서양화는 대개 어떤 사물을 그대로 묘사하는데 중점을 두어왔다. 국왕의 권위있는 모습을 있는 그대로 그리거나 어떤 사건을 기록으로 남기기 위해 그림을 그렸던 것이다. 이때 그림은 빈틈 없이 색으로 채워지기 일쑤였다. 상상화도 예외가 아니어서 성인의 위대함을 나타낸 그림도 화면이 색으로 가득하기는 마찬가지였다.

이에 비해 동양화는 사물의 특징을 사진처럼 똑같이 그리기보다는 사람들이 바라는 이상적인 세계를 나타내려 애썼다. 이때 여유로운 낙원을 그리면서 복잡함보다는 단순함을 택하게 됐던 것이다. 빈 공간이 중요시된 것도 그 때문이다. 또한 빈 공간은 그림을 보는 사람에게 상상의 세계를 자극하는 공간이기도 했다. 오리 두 마리가 날아가는 방향을 보고 더 높은 하늘을 상상해보게끔 하고, 폭포 옆의 빈 공간을 보고 그 옆에 있음직한 물보라를 연상하게끔 한 것이다.

현대에 들어서는 이른바 '퓨전'이라는 이름으로 미술적 특징이 섞이는 상황이다. 동양인이라고 해서 반드시 동양화만을 그리지 않으며, 장르를 넘나들며 활동하는 미술가도 많다. 이런 경향은 동시성, 즉 공간을 뛰어넘을 수 있는 통신의 편리성에 기인한다. 새로운 작품이나 사조가 등장하면 그때마다 그에 영향 받아 혼합적인 미술품을 탄생시키는 것이다. 이때 기법은 물론 재료에서도 복합성이 나타나는데, 이는 실험정신의 산물이다.

미래는 어떠할까? 아마도 고풍스러운 고전주의와 다체복합(多體複合)의 퓨전이 양대 기둥을 이룰 것으로 예견된다. 회귀본능의 욕구와 도전을 추구하는 실험정신이 그렇게 만들 것이므로…….

음악

심리로 다가오는 요술 소리

제2차대전이 한창 때의 일이다. 미국 뉴욕의 한 공연장은 사람들로 연일 만원을 이뤘다. 플로렌스 포스터 젠킨스라는 소프라노 가수의 노래를 듣기 위해 몰려든 것이었다.

그런데 그녀의 인기는 엉뚱한 데서 비롯되었다. 아버지로부터 막대한 유산을 물려받았을 뿐 음악적 재능은 전혀 없었던 그녀였건만 큰돈을 들여 공연장을 사들이고 노래를 불렀던 것이다. 사람들은 호기심 삼아 구경을 왔으며, 악보와 전혀 맞지 않는 음높이로 터져 나오는 듣기 거북하리만큼 높은 '깍깍' 소리를 듣고 배꼽을 잡으며 웃었다고 한다. 참으로 색다른 음악이었던 셈이다.

사람들은 시각·청각·후각·미각·촉각의 오감(五感)에 의해 정보를 얻는다. 보고, 듣고, 냄새 맡고, 맛을 느끼고, 만져서 정보를 얻는 것이다. 그런데 그런 오감 중에서 가장 비중이 높은 것은 시각과 청각이다. 시각정보를 그림에 비유한다면 청각정보는 소리라 말할 수 있으며, 소리는 또 다시 말소리·소음·음악으로 크게 구분된다. 그리고 그 소리 중에서 음악이 차지하는 비중은 생각보다 크다. 왜 그럴까?

그 이유는 소리가 사람의 심리에 끼치는 영향이 크다는데 있다. 인류는 태초부터 그런 모습을 보였다. 천둥치면 무서워서 숨을 죽였고, 아름다운 새소리를 들으면서 휴식을 즐겼다. 인류의 음악은 자연의 소리를 흉내낸 데서 시작됐다. 아름다운 새의 울음소리를 흉내낸 것이 시초이다. 맹수들의 날카롭고도 음울한 소리와 달리 가볍고 경쾌한 새 울음소리는 사람들의 마음을 편안하게 해주었던 까닭에 그것을 따라 하고자 휘파람을 불기도 하고 피리를 만들기도 했다. 다시 말해 기분을 드러내거나 조절하기 위해 음악을 추구한 것이다.

또한 말과 음악은 인류 초창기부터 한데 어울려왔는데, 음악은 말이 지니지 못한 열정과 표현법을 지녔기 때문에 말의 효과를 높이는 역할을 해왔다. 즉 밋밋한 어조의 말보다 아름다운 화음의 노래가 사람의 귀를 편안하게 해주었던 것이다.

흥미롭게도 음악은 고대인들에게 있어 편안한 사치로 여겨졌다. 팔자 늘어진 사람들이나 음악을 즐길 수 있다고 생각했으며, 이런 생각은 어원 속에서 확인할 수 있다. 음악을 영어로는 '뮤직(Music)'이라고 한다. 그 어원인 뮤즈(Muse)는 그리스 신화에 나오는 시(詩)·노래의 여신이며, 그림이나 문학 속에서 흔히 악기를 연주하며 편안하게 쉬는 모습으로 묘사된다.

동양에서도 비슷한 정서를 엿볼 수 있으니 '건달'이 그것이다. 불교 문헌에서는 음악을 맡은 천신(天神)을 '건달박(乾達縛) 또는 건달바(乾達婆)'라고 부르는데, 식향(食香)·심향행(尋香行)·향음(香陰)·향신(香神)으로 의역되기도 한다.

의역의 경우 '향(香)'자가 모두 들어간 이유는 그 천신이 오직 향만

을 먹으며 유유히 산다고 믿었기 때문이었다. 불교도들이 사찰에서 향을 피우는 이유는 건달박에게 봉양하기 위한 행위이지만, 엉뚱하게도 건달의 이와 같은 모습이 사람들에게는 매우 부러운 대상으로 비춰졌고, 그것이 점차 놀고먹는 백수(白手)를 의미하는 말로 바뀌었다.

'노래'의 어원도 마찬가지이다. '노래'는 말에 곡조를 붙여 사상·감정을 표현하는 예술행위의 하나이며, 옛날말 '놀애'에 어원을 두고 있다. '놀'은 '놀다'의 어근이며, '애'는 명사를 만드는 접미사이다. 노래는 본래 노는 것이란 뜻이었으나, 후에 '음악'으로 변했다. 반면 영어 '송(song)'은 '노래하다'를 뜻하는 고대 영어 '신간(singan)'에서 유래했으며, 새의 지저귐이나 시내의 졸졸거리는 소리와 같이 마음을 즐겁게 해주는 소리를 뜻하기도 했다. 어느 경우든 '평화스러운 자유'의 의미를 지니고 있는 것이다.

음악의 또다른 특징은 동서고금을 막론하고 대체로 시대상황과 국민감정을 반영한다는 것이다. 예컨대 우리 가락은 서정적 아름다움을 담고 있는 것으로 유명한데 그것은 고달픈 삶과 관계가 깊다고 할 수 있다. '한(恨)'으로 대변되는 정서가 알게 모르게 우리 가락 속에 깊이 스며든 것이다. 오죽하면 서양에서 새소리를 '즐겁게 지저귄다'고 본 반면, 우리는 '(새가) 운다'고 표현했을까.

대중가요만 하더라도 일제강점기에는 〈아리랑〉과 〈사의 찬미〉가 나라 잃은 약자의 슬픔으로 공감을 얻었고, 해방 이후에는 광복의 기쁨을 담은 노래들이 거리를 휩쓸었으며, 경제재건기에는 가난 속에서도 사랑으로 살아가는 마음이 트로트에 담겨졌고, 독재정권 타도를 외쳤던 때에는 잔잔하면서도 심금을 울리는 민중가요가 널리 퍼졌으며, 경제가 넉넉해진 이후에는 빠른 템포에 개인적 일을 가사로 담은 노래들이 연일 쏟아져 나오고 있다.

우리만 그런 것이 아니다. 중남미의 라틴 음악은 스페인 식민지 시대에 유입된 유럽 라틴 음악의 형식에 남아메리카 고유의 문화적 정서가 깔려있는 음악이다. 그냥 생각 없이 놀고 즐기는 음악이 아니라 '아픔'을 바탕으로 하면서 가벼운 리듬에 몸을 실어 맺힌 응어리를 풀어내고자 하는 그네들 특유의 삶의 방식이 배어있는 음악인 것이다.

그러나 그들 역시 독립을 쟁취한 이후에는 열기를 마음껏 발산하는 열정적인 음악으로 방향이 틀어졌다. 이렇듯 민족마다 나름의 가락을 형성할 수 있었던 배경에는 권력자의 음악적 무식이 작용했다. 즉, 독재자들은 권력을 헐뜯거나 조롱하는 가사는 엄격히 금했지만 가락에 대해서는 별 관심을 나타내지 않았던 까닭에, 민중음악이 비교적 자유롭게 희로애락을 노래할 수 있었던 것이다.

때로 음악은 목적에 맞게 만들어지기도 했다. 이를테면 농악(農樂)은 농번기에 농부들이 서로가 농작을 차례로 도와 가는 두레 일을 할 때에 힘을 돋우어 일의 능률을 올리고, 또 노고를 위로하기 위하여 행해졌다.

이에 비해 이탈리아에서는 음악이 연인을 사로잡는 무기로 활용되었다. 늦은 밤 창문 밑에서 사랑하는 연인에게 "창문을 열어다오"하며 애절하게 노래부르는 풍습이 바로 이탈리아에서 시작된 것이다. 그 풍속의 연원은 13세기 중엽으로 거슬러 올라간다. 당시 이탈리아에서는 문학의 싹이 트기 시작했는데, 초기 문학에서는 감미로운 시가 그 주류를 이루었다. 이 사랑의 고백 시(詩)가 칸초네와 어우러지고, 17세기말 궁정음악 및 세레나타(세레나데)와 연계되어 차츰 창문 밑에서 노래부르는 프로포즈 풍속으로 정착된 것이다. 20세기를 전후해서 세계인의 사랑을 받았던 성악가 엔리코 카루소는 젊은 시절 연인들을 위해 세레나타를 불러주면서 돈을 벌었던 일화가 있다.

정치적인 목적으로 대중을 선동하기 위해 음악이 만들어지기도 했으나 이런 경우 예외없이 권력자의 운명과 함께 사라졌다. 요컨대 민중에 의한 자발적 흐름이 있어야만 영원한 음악으로 자리잡은 것이다.

누군가가 말했듯 음악은 '침묵에 그리는 그림'이다. 그리고 그 그림의 가장 강력한 도구는 다름아닌 사람의 목소리이다. 단순한 타악기에서부터 오묘한 소리를 만들어낼 수 있는 전자악기에 이르기까지 수많은 악기가 탄생했지만, 그 어떤 소리도 일시적으로는 관심을 끌었을 뿐 변함없이 사랑을 받지는 못했다.

현대음악이 창조해낸 새로운 소리들이나 헤비메탈의 기괴하게 확대된 음들도 인간의 목소리가 지닌 무한한 능력을 뛰어넘지 못했다. 감정을 사람의 마음속에 새겨 넣을 수 있는 것은 오직 모든 종류의 언어나 악기와 짝을 이룬 목소리뿐이다. 수많은 장르 중에서 대중가요가 유독 널리 인기를 끄는 이유가 바로 여기에 있으며, 이런 정서는 미래에서도 계속될 것이다.

음악은 마음을 조종하는 마법의 조종사이다!